CW01653564

Bijna Thuis

BILLY GRAHAM

Bijna Thuis

GIDEON

Voor de bijbelteksten is gebruik gemaakt van de Nieuwe Bijbel Vertaling, tenzij anders aangegeven.

BIJNA THUIS

Originally published in Nashville, Tennessee, by Thomas Nelson under the title 'Nearing Home'. Thomas Nelson is a registered trademark of Thomas Nelson, Inc.

Auteur: Billy Graham
Vertaling: Richard Kettmann
Redactie: Tien voor Tekst
Omslagontwerp: David Sörensen
Foto omslag Billy Graham: Charles Ommanney / Getty Images
Typografie: Iddo Hoekstra
Jaar van uitgave: oktober 2012
3e Druk: juli 2013

Uitgave: Uitgeverij Gideon, Hoornaar, Nederland
ISBN: 978-90-5999-019-7
NUR: 707

Aanbevelingen

'Billy Graham is in de 20e eeuw geweest wat Dwight L. Moody was in de 19e: de grootste evangelist van zijn tijd. Een belangrijk verschil: Moody werd slechts 62 jaar oud, maar Graham is al 93! Daardoor kan hij iets wat Moody niet kon: vertellen hoe een christen ermee omgaat zo oud te worden, nauwelijks nog actief te kunnen zijn en zich voor te bereiden op "thuis". Dit boek is voor alle christenen die oud geworden zijn én voor diegenen die nog volop in het werkzame leven staan, maar zich willen bezinnen op hun levensavond. "Oud worden qua jaren gaat vanzelf; oud worden met waardigheid is een keuze," zegt Graham.'

Willem Ouweneel

'Bijna thuis gaat over de laatste periode van het leven. In het boek geeft Billy Graham allerlei praktische adviezen en laat hij zien dat gepensioneerd zijn meer is dan genieten 'zolang je nog goed bent'. Dat spreekt mij bijzonder aan. "Hoe lang moet je nog?" vragen de mensen me wel eens. Alsof het leven een strafkamp is dat je moet uitzitten. Aan de andere kant zien we ook dat mensen soms worden afgeschreven, omdat ze boven de 65 zijn. Natuurlijk kun je niet alles meer, maar je draagt wel een schat aan ervaringen mee, waarmee je anderen kunt dienen. Juist in deze periode kun je een geweldige voorbeeldfunctie vervullen voor de mensen na jou. Blijf doen wat je kunt en wilt doen, en waar je goed in bent. Dit boek van Billy Graham was voor mij persoonlijk een bevestiging. Hij stimuleert je om – ook als je ouder bent – actief te blijven en juist in je ouderdom je gaven en krachten in dienst te stellen van Gods Koninkrijk.'

ds. Arie van der Veer

Inhoud

Voorwoord

'Bijna thuis' gaat over de laatste periode van het leven. Maar vergis je niet. Het boek is meer dan een zucht dat we er bijna zijn. Het bevat een boeiende beschrijving van het laatste stuk van onze levensreis.

Vergelijk het met een sportwedstrijd. Er zijn sporten waarbij je van tevoren niet weet hoelang de wedstrijd zal duren. Een tenniswedstrijd telt soms wel vijf sets en kan uren duren. En juist de laatste set kan heel spannend en buitengewoon enerverend zijn.

Zo kan ook het leven zijn. Niet als een nachtkaars die uitgaat. Maar als een periode met nieuwe uitdagingen en nieuwe avonturen.

Daar wordt te weinig over nagedacht.

Ook Billy Graham bekent in dit boek dat hij meer met het sterven bezig is geweest dan met de tijd ervoor. "Mijn hele leven leerde ik hoe ik als christen zou moeten sterven, maar niemand heeft me ooit geleerd hoe ik moest leven in de jaren vóór mijn sterven".

Oud worden heeft zijn schaduwkanten. Een aantal dingen kun je niet meer. Maar er zijn andere zaken die je in die tijd juist wel kunt doen. Voor kinderen en kleinkinderen. Voor de volgende generatie.

En dat is meer dan bidden. Bidden wordt vaak genoemd als het enige wat je kunt blijven doen. Maar dat we met pensioen zijn, betekent nog niet dat ons werk erop zit. Door ons pensioen kunnen we juist meer tijd besteden aan Gods werk, het dienen van anderen in de naam van de Heer.

In dit boek geeft Billy Graham allerlei praktische adviezen. Zonder het te veroordelen, laat hij zien dat gepensioneerd zijn meer is dan genieten 'zolang je nog goed bent'. En dat spreekt mij bijzonder aan. 'Hoe lang moet je nog?' vragen de mensen wel eens aan je. Alsof het leven een strafkamp is dat je moet uitzitten. Aan de andere kant worden mensen soms afgeschreven, omdat ze boven de vijfenzestig zijn. Natuurlijk kun je niet alles meer, maar je draagt wel een schat aan ervaringen mee, waarmee je anderen kunt dienen. Juist in deze periode kun je een geweldige voorbeeldfunctie vervullen voor de mensen na jou.

Dit boek van Billy Graham is vooral praktisch. Het beschrijft de laatste periode van ons leven niet als een saaie etappe, maar als een periode van nieuwe kansen en nieuwe uitdagingen. Het stimuleert oudere mensen om krachtige mensen te zijn. Ook al kun je lichamelijk lang niet alles meer, en misschien wel steeds minder. De Bijbel zegt: 'Alleen een wijze heeft kracht, inzicht maakt hem sterker' (Spreuken 24:5). Kracht wordt gevonden in de wijsheid van God.

Ik behoor inmiddels zelf ook tot de mensen boven de zeventig. De afgelopen jaren waren voor mij niet eenvoudig. Kanker teisterde mijn lichaam. Ik stond voor de vraag: Hoe nu verder? Stoppen met werken en gaan genieten, was het advies van velen. Toch ben ik doorgegaan. Niet zonder strijd. Ik heb me afgevraagd: Waarom doe en wil ik dit? Is het niet voor een groot deel zelfhandhaving? Anderen stimuleerden mij juist wel om mijn werk weer ter hand te nemen. Niet meer op de manier van vroeger. Ook niet meer zo intensief als in die tijd. Blijf doen wat je kunt en wilt doen, en waar je goed in bent.

Tot nu toe heb ik geen spijt. Ik heb het gevoel nog altijd vol in het leven te staan. En bij het ouder worden ook wat voor anderen te kunnen blijven betekenen. Dit boek van Billy Graham was voor mij een bevestiging. Ik voelde me geen uitzondering meer, geen witte raaf. Niet iemand die van geen ophouden weet.

Billy Graham stimuleert je om – ook als je ouder bent – om je heen te blijven kijken, actief te blijven en juist in die periode je gaven en krachten in dienst te stellen van Gods Koninkrijk.

Ouderen lopen misschien niet meer zo hard, maar dat wil nog niet zeggen dat ze geen doel meer hoeven te hebben.

ds. Arie van der Veer, Kampen

Inleiding

Ik had nooit gedacht dat ik zo oud zou worden.

Mijn hele leven leerde ik hoe ik als christen zou moeten sterven, maar niemand heeft me ooit geleerd hoe ik moest leven in de jaren voor mijn sterven. Hadden ze dat maar gedaan, want nu ben ik een oude man. En geloof me, dat valt niet mee.

Ze zeggen weleens: oud zijn is niet voor mietjes en dat kan ik beamen. Overal waar je een groepje oudere mensen bij elkaar ziet, kan ik je voorspellen waar het gesprek over gaat: hun kwalen en pijnen.

Binnenkort vier ik mijn drieënnegentigste verjaardag en ik weet dat het niet lang meer zal duren voor God me thuishaalt. Dat is een dag waar ik meer dan ooit naar uitkijk – niet alleen vanwege de heerlijke dingen die mij en elke gelovige daar wachten, maar ook omdat ik weet dat ik dan verlost zal zijn van alle last en verdriet die me in deze levensfase terneer drukken. Het afgelopen jaar hebben de lichamelijke klachten die bij de ouderdom horen hun tol geëist.

Ik zie ook uit naar die dag omdat ik dan herenigd zal worden met Ruth, die bijna vierenzestig jaar mijn geliefde vrouw en beste vriendin is geweest. Zij ging in 2007 naar het huis van de Heer, die ze zo trouw heeft liefgehad en gediend. Hoewel ik blij ben dat haar strijd met zwakte en pijn voorgoed voorbij is, voelt het nog steeds of er een deel van mezelf is weggerukt en ik mis haar, veel meer dan ik ooit had kunnen denken.

Nee, oud zijn is niet voor mietjes.

Maar daarmee is niet alles gezegd. En dat was ook niet Gods bedoeling. De Bijbel heeft beslist oog voor de problemen die onze hogere leeftijd met zich meebrengt. En de ouderdom wordt niet beschreven als een verachtelijke periode of als een last die je knarsetandend (als je nog tanden hebt) moet doorstaan. Evenmin worden we in onze laatste jaren afgeschilderd als nutteloze, onbekwame mensen, die hun laatste dagen in eindeloze verveling of met zinloze bezigheden moeten slijten tot God hen eindelijk thuishaalt.

In plaats daarvan zegt de Bijbel dat God een reden heeft om ons hier te houden. Als dat niet zo was, zou Hij ons wel veel eerder naar de hemel halen. Maar wat is dan zijn bedoeling met deze jaren? En hoe kunnen we ons leven daarop afstemmen? Hoe leren we om niet alleen onze angsten, moeiten en groeiende beperkingen het hoofd te bieden, maar om in al deze moeilijkheden ook werkelijk sterker te worden in onze ziel? Hoe kunnen we de toekomst hoopvol, en niet wanhopig, tegemoet gaan? Bij het ouder worden, spelen deze vragen steeds meer een rol. Misschien geldt dat ook voor jou.

Maar dit boek is niet alleen voor oude mensen geschreven. Het is geschreven voor mensen in elke levensfase – zelfs voor hen die nauwelijks nadenken over ouder worden. De reden is eenvoudig: de beste manier om de beproevingen van de ouderdom te doorstaan is je er nú op voor te bereiden, voor het zover is. Ik nodig je uit om samen met mij te kijken naar de realiteit van het leven, terwijl we ouder worden. Maar ook om te kijken naar de hoop en voldoening – en zelfs de vreugde – die we mogen ervaren wanneer we deze jaren vanuit Gods oogpunt bezien en zijn kracht ontdekken waar we elke dag uit mogen putten.

Op een dag is onze levensreis voorbij. In zekere zin zijn we allemaal bijna thuis. Terwijl we dichter bij huis komen, bid ik dat jij en ik niet alleen leren wat het betekent om ouder te worden, maar dat we met Gods hulp ook leren op een waardige manier ouder te worden en onder zijn leiding goed aan te komen.

Billy Graham

1.

De tijd vliegt

Leer ons zo onze dagen te tellen dat wijsheid ons hart vervult.
PSALM 90:12

Onthoud dat je als trouw kind van God een beloning mag verwachten.
VANCE HAVNER

Oud worden was de grootste verrassing van mijn leven. Als je jong bent, leef je in het hier en nu. Je denkt wel aan de toekomst, maar die bestaat vooral uit dromen, met een sprookjesachtige afloop. Hoewel ik nu bijna drieënnegentig ben, lijkt het maar kort geleden dat ik ook zo'n dromer was. Ik had grote verwachtingen en zag een leven voor me waarin al mijn wensen werden vervuld. Omdat ik bijna nergens zo veel van hield als honkbal, wijdde ik me als jongeman volledig toe aan die sport, in de hoop dat mijn passie me rechtstreeks naar de top zou leiden. Mijn doel was simpel: op de thuisplaat staan, met een knuppel in mijn hand, en totaal opgaan in een belangrijke wedstrijd. Vaak stelde ik me voor dat ik tijdens een kampioenschap de bal met een enorme mep de tribunes insloeg en ik onder oorverdovend gejuich alle honken passeerde – op weg naar de thuisplaat.

Ik had nooit kunnen vermoeden wat me te wachten stond. Nadat ik mijn hart en leven aan de Heer Jezus Christus had gegeven – waarbij ik me bekeerde van mijn zonden – gaf ik mijn dromen op. Met honkbalknuppel en al. In geloof omarmde ik volledig wat God met me van plan was en ik vertrouwde erop dat Hij me altijd en overal zou leiden. Dat heeft Hij gedaan, dat doet Hij nog steeds en Hij zal het blijven doen.

Als ik terugkijk, zie ik hoe Gods hand me geleid heeft. Ik ervaar zijn Geest vandaag en ik word vooral getroost door de wetenschap dat Hij me op dit laatste stuk, op weg naar huis, niet in de steek laat. En dat stemt me hoopvol!

Topsporter voor God

Ik ben nog steeds honkbalfan. Niet zozeer van een bepaald team, maar van het spel zelf – het samenspel van het team, de strategie en de uitdaging om de tegenstander te verslaan. Maar honkbal was niet wat God voor mij in gedachten had. Desondanks leerde Hij me wel hoe ik deze belangrijke aspecten van dit spel kon integreren in de dienst voor Hem. De Heer heeft me gezegend met een loyaal team. Mannen en vrouwen die net als ik een hart hebben dat er vurig naar verlangt om anderen naar een eeuwig leven met Christus te leiden. De strategie van ons team is altijd geweest om de opdracht van de Heer te vervullen: de wereld ingaan en Christus verkondigen, met het doel de tegenstander, satan, te verslaan.

Toen ik met dit werk begon, was het niet mijn bedoeling om in een honkbalstadion, of wat voor stadion dan ook, te spreken. Als voorganger was ik gewend om in kerken te spreken en toen ik met Youth for Christ onderweg was, sprak ik in zalen. Aan het einde van de oorlog, in 1945, hadden een aantal mannen van ons team het voorrecht om te spreken in het Soldier Field stadion in Chicago.

De details weet ik niet meer precies, maar ik herinner me de eerste keer dat ik in de open lucht het evangelie verkondigde. Ik was uitgenodigd om een evangelisatiebijeenkomst te houden voor de hele stad Shreveport, in Louisiana. Toen bleek dat de plaatselijke concertzaal niet groot genoeg was voor al het publiek, had de organisatie geen andere keus dan het evenement naar buiten te verplaatsen. Ik had geen idee hoe de mensen het zouden vinden om in een grote arena deel te nemen aan een evangelisatiecampagne en ik was behoorlijk nerveus. Toen dacht ik aan mijn jongensdromen. In plaats van met een knuppel op de thuisplaat te staan, had ik een (wat ik nu weet) veel groter voorrecht: achter een katheder staan, met een Bijbel in mijn hand, ondergedompeld in de kracht van de Heilige Geest. Ik speelde niet voor tribunes vol fans, maar ik sprak het Woord van God voor zondige harten die naar waarheid verlangden.

Het leven zit inderdaad vol verrassingen.

Nu, jaren later, kan ik nog steeds genieten van een slagman die met succes over de thuisplaat komt. Maar niets maakt me zo enthousiast als de Heilige Geest die in mensenharten werkt, wanneer het evangelie klinkt in stadions, op de radio en in de hele wereld. Een bal kan misschien tot in de verste hoek van het grootste stadion geslagen worden, maar het Woord van

God bereikt de uithoeken van de aarde met het goede nieuws van verlossing. Als ik denk aan wat dat teweegbrengt, sta ik in vuur en vlam.

Jezus Christus overwon de dood en werd Overwinnaar door zijn opstanding. Voor Hij de aarde verliet, gaf Hij zijn volgelingen de grootste strategie aller tijden mee: ga de wereld in en verkondig het evangelie. Na het horen van zijn woorden zagen ze hun Redder opstijgen naar omhoog, naar huis.

Ik vraag me af op welk huis jij je voorbereidt. Sommige mensen zijn hun hele leven bezig met het creëren van hun ultieme droomhuis, zodat ze van hun laatste jaren kunnen genieten. Sommigen zien hun bankrekening slinken, in ruil voor een plekje in het bejaardentehuis. Anderen slijten hun laatste dagen in een verzorgingstehuis. Voor diegenen onder jullie die Hem niet kennen, is de keus van je eeuwige huis de belangrijkste beslissing die je ooit zult nemen. Voor een christen is het laatste stukje van de weg een getuigenis van Gods trouw, want Hij zei: 'Ik ga heen om een plaats voor u gereed te maken' (Johannes 14:2, HSV).

Waar je 's nachts je hoofd ook te ruste legt, ik hoop dat je denkt aan *thuis*komen. Op de volgende bladzijden wil ik daar graag verder op ingaan.

Iemand zei eens: 'Gedenken is het geschenk van de ouderdom.' Hoewel ik steeds minder kan reizen, blijf ik me toch openstellen voor de wereld om me heen. Dan zie ik hoe God nog steeds werkt, niet alleen in mijn eigen leven, maar ook in de levens van mensen om me heen en in de hele wereld. De laatste paar jaar ben ik gezegend met de mogelijkheid om te observeren en te gedenken. Voor sommigen klinkt dat misschien verschrikkelijk, maar gedenken (of herinneren) is wel bijbels:

Denk aan de tocht die de HEER, uw God, u… heeft laten maken.
Deuteronomium 8:2

Herinner u… Houd eraan vast…
Openbaring 3:3

Ze zullen jullie helpen om aan al mijn geboden te denken…
Numeri 15:40

Denk aan het woord… van de HEERE
Jozua 1:13, HSV

Gedenk de wonderen die Hij heeft gedaan…
1 Kronieken 16:12

Deze dingen zijn het waard om telkens herdacht te worden.

Vaak hoor ik mensen die jonger zijn dan ik praten over hun slapeloze nachten. Ik lig ook wel eens wakker. Maar dan denk ik aan die prachtige dingen die Hij heeft gedaan, net als de psalmist die schreef:

Liggend op mijn bed denk ik aan U,
wakend in de nacht prevel ik uw naam.
U bent altijd mijn hulp geweest,
ik juichte in de schaduw van uw vleugels.
Ik ben aan U gehecht, met heel mijn ziel,
uw rechterhand houdt mij vast.
Psalm 63:7-9

Juist voor ouderen is het geweldig troostvol om Hem te gedenken.

De Heer wil dat *wij* gedenken, maar de Bijbel laat ook zien wat *de Heer zelf* gedenkt – en wat Hij beslist niet wil gedenken. '...Hij vergeet niet dat wij uit stof zijn gevormd' (Psalm 103:14) en tegen hen die zich bekeren zegt Hij: 'Ik zal... nooit meer denken aan wat ze hebben misdaan' (Jeremia 31:34). Ik ben zo blij met die belofte. Omdat ik me bekeerd heb van zonde, besluit God mijn zonde te vergeten. Hierin zien we iets van het hart van onze Redder.

Het Oude Testament staat vol met zulke herinneringen. Er staat zelfs 'Herinner u wat vroeger gebeurd is in de oude tijd' (Jesaja 46:9, WV95). De moderne maatschappij houdt misschien niet zo van het woord *oude*, maar tegelijk betalen jonge mensen een klein vermogen voor een oud uitziende spijkerbroek. Verzamelaars hangen de hoogste prijzen aan antiek, want het is... oud! Anderen kopen een oude roestbak, restaureren hem en rijden trots rond in hun oude auto.

De tijd dat men tegen oudere mensen opkeek, hen bewonderde en respecteerde, is voorbij. Als kind leerde ik ontzag te hebben voor ouderen, maar ik kende niet veel echt oude mensen. Mijn grootouders heb ik nauwelijks gekend (met uitzondering van een oma die overleed toen ik op de lagere school zat), dus ik had weinig kans om familieleden die een eind op leeftijd waren te observeren. Mijn oom was, denk ik, de oudste persoon in onze familie die ik regelmatig zag. Hij kwam vaak op zondag bij ons eten. Ik herinner me dat hij conciërge was bij de regionale rechtbank in Charlotte en ik verheugde me altijd op zijn bezoek, omdat hij meestal wel iets bijzonders kon vertellen over de plaatselijke politiek en andere zaken rondom de rechtbank. Naar mijn idee was hij oud (hoewel hij niet veel ouder dan zestig geweest kan zijn, want hij werkte nog), dus als iemand me toen had gevraagd of ik dacht ooit zo oud te worden als mijn oom, had ik waarschijnlijk 'zeker niet!' geantwoord.

Voor zover ik weet, waren er in mijn bredere familie niet veel mensen die ouder werden dan zeventig. Mijn vader overleed toen hij vierenzeventig jaar was, na een aantal beroertes die hem van zijn krachten beroofde.

In 1957 voerden we zestien weken ononderbroken campagne in New York. Door de vele bijeenkomsten was ik lichamelijk geheel uitgeput en na afloop zei ik tegen een paar medewerkers dat ik niet verwachtte ouder te worden dan vijftig (ik was toen achtendertig). In de jaren daarna had ik herhaaldelijk lichamelijke klachten – sommige licht, maar andere ernstiger – zodat ik steeds meer betwijfelde of ik wel een normale leeftijd zou bereiken. Dat vermoeden werd alleen maar sterker door de bijkomende problemen als gevolg van mijn middelbare leeftijd.

En toch had God in zijn goedheid andere plannen met me.

Ik weet niet meer precies wanneer het gebeurde, maar op een gegeven moment besefte ik dat ik ouder werd. De middelbare leeftijd – ik moest het toegeven – was een gepasseerd station en ik stevende af op wat we beleefd 'de rijpe jaren' noemen. Soms verraadde mijn leeftijd zich door kleine dingen: het plotseling (en beschaamd) vergeten van de naam van een vriend, de onplezierige ontdekking dat de meeste mensen die ik in een vliegtuig zag of op straat passeerde er heel jong uitzagen, de ervaring dat een ober in een restaurant me seniorenkorting gaf, zonder te vragen of ik daarvoor in aanmerking kwam. Maar mijn leeftijd werd ook door grotere, ernstiger dingen duidelijk: een langzame, maar onvermijdelijke afname van energie, ziektes die gemakkelijk hadden kunnen uitlopen op invaliditeit of zelfs de dood, het ouder worden – en zelfs overlijden – van mensen die ik het grootste deel van mijn leven had gekend, de dappere, maar moeilijke strijd van mijn vrouw Ruth, die met de jaren alsmaar zwakker werd.

Ik ging iets begrijpen van de verhalen die andere ouderen vertelden. 'De meeste van mijn patiënten van middelbare leeftijd willen de waarheid niet inzien,' zei een dokter tegen één van mijn medewerkers. 'Ze denken dat ze altijd in staat blijven om intensief te sporten, overal heen te reizen of twaalf uur per dag te werken. Ze nemen gewoon aan dat als er iets misgaat, ik het wel kan oplossen. Maar op een dag worden ze wakker en ontdekken ze dat ze niet meer alles kunnen wat ze eerder wel konden. Op een dag zijn ze oud. En dat zullen ze niet leuk vinden, want daar zijn ze psychisch niet op voorbereid.'

Als ik eerlijk ben, kan ik niet zeggen dat ik het leuk vond om ouder te worden. Soms zou ik willen dat ik alles nog kon doen wat ik vroeger deed – maar dat kan ik niet. Ik zou willen dat ik geen last had van de gebreken en onzekerheden die bij deze levensfase schijnen te horen – maar dat heb ik wel. 'Zorg dat je niet oud wordt!' zei ik de afgelopen jaren schertsend tegen anderen. Maar die keus hebben we natuurlijk niet. Ouderdom is onvermijdelijk, als je lang genoeg leeft. En ouderdom heeft beslist nadelen. Het zou oneerlijk zijn dat te ontkennen.

De Bijbel maakt geen geheim van de negatieve kanten van het ouder worden – en dat zouden wij ook niet moeten doen. Eén van de meest poëtische (en toch waarheidsgetrouwe) beschrijvingen in de literatuur over de gebreken van de ouderdom komt uit de pen van de schrijver van Prediker, in het Oude Testament. Nadat hij vaststelt dat een leven zonder God nutteloos is, dringt hij er bij zijn lezers op aan hun leven aan Hem te geven als ze nog jong zijn. Waarom? Omdat God niet alleen op dat moment betekenis en vreugde aan hun leven wil geven, maar als ze te lang wachten is het ook te laat zijn om nog van Gods goede gaven te kunnen genieten. Hij zegt: 'Keer je daarom nu tot God,' en dan vervolgt hij:

...voordat de slechte dagen komen en de jaren naderen waarvan je zegt: In deze jaren vind ik weinig vreugde meer. Voordat de zon verduistert, de sterren en de maan niet langer stralen, de lucht ook na de regen grauw van wolken wordt. De dag waarop de wachter trillend voor het huis staat, de soldaten kromgebogen voortgaan, de maalsters langzaamaan verdwijnen, de vrouwen uit het venster staren en een schaduw lijken... de molen geen geluid meer maakt... Je durft geen heuvel te beklimmen, de weg is vol gevaar.

Prediker 12:1-5

Achter deze dichterlijke taal gaat de realiteit schuil van de jaren die hun tol eisen van lichaam en geest: afnemende kracht... falend gezichtsvermogen... stramme gewrichten... vergeetachtigheid... achteruitgang van het gehoor... eenzaamheid... angst voor kwetsbaarheid... Een schijnbaar eindeloze opsomming. 'Er is niets wat nog prima functioneert,' verzuchtte onlangs een vriend van me. Ik weet wat hij bedoelt.

Maar valt er dan niets anders te zeggen over ouder worden? Is de ouderdom een wrede last die elk jaar zwaarder en zwaarder wordt, met de dood als enige vooruitzicht? Of kan ouderdom ook nog wat anders zijn?

Waardig oud worden

Ook als je bekend bent met de Bijbel, weet je misschien niet wie Barzillai is. Zijn naam wordt in het Oude Testament genoemd. Er zijn maar een twaalftal verzen die ons iets over hem vertellen (2 Samuël 17:27-29; 19:32-40). Hij was tachtig jaar oud en niemand zou het hem kwalijk hebben genomen als hij had besloten om in zijn laatste dagen zijn plichten over te dragen aan een jongere generatie. Maar dat deed hij niet.

Aan het einde van zijn regeringsperiode moest koning David Jeruzalem ontvluchten, vanwege een opstand onder leiding van zijn arrogante zoon Absalom. Zijn wanhopige vlucht voerde hem over de Jordaan naar het oosten, de barre woestijn in. Uitgeput en vrijwel zonder voedsel bereikten hij en zijn groepje trouwe volgelingen uiteindelijk het afgelegen dorpje Machanaïm. Daar voorzag Barzillai koning David en zijn mannen van eten en onderdak, met groot gevaar voor eigen leven. Zonder de hulp van Barzillai zouden David en zijn mannen het waarschijnlijk niet hebben gered.

Nadat Absalom was gedood en de opstand was beëindigd, werd Barzillai uitgenodigd om met David en zijn leger mee naar Jeruzalem te gaan. Uit dankbaarheid voor de gastvrijheid van Barzillai beloofde David hem de rest van zijn leven te zullen verzorgen. Stel je voor: een uitnodiging om de rest van je leven in de luxe van het koninklijk paleis te mogen verkeren – als vriend van de koning!

Maar Barzillai sloeg het aanbod af. De reden? Hij zei dat hij gewoonweg te oud was om zo'n drastische verandering te ondergaan: 'Ik ben aan het einde van mijn levensdagen. Waarom zou ik nog met de koning meegaan naar Jeruzalem? Ik ben nu tachtig jaar. Wat valt er voor mij nog te genieten van het leven?

Kan ik nog proeven wat ik eet en drink? Kan ik de stem nog horen van zangers en zangeressen?' (2 Samuël 19:35-36) Oud, zwak en doof, was zelfs de uitnodiging om in het paleis van de koning te komen wonen niet aantrekkelijk voor hem – een kans die hij tien jaar eerder ongetwijfeld met beide handen had aangegrepen. De ouderdom had zijn tol geëist.

Waarom staat dit korte incident uit het leven van een onbekende oude man in de Bijbel? Vast niet alleen om ons te herinneren aan de aftakeling door ouderdom, of het vluchtige van het bestaan. Nee, de Bijbel wil hiermee een bijzonder feit onder onze aandacht brengen: Barzillai's grootste dienst aan God en zijn volk – de enige daad in zijn hele leven die het waard was om in de Bijbel te worden opgenomen – vond plaats toen hij een oude man was.

Toen koning David met zijn vluchtende groepje mannen dichterbij kwam, had Barzillai gemakkelijk tegen zichzelf kunnen zeggen: 'Ik ben te oud om me hiermee te bemoeien. Laat de jongere mannen maar hulp bieden als ze dat willen – zij hebben nog energie. En trouwens, ik zou wel gek zijn als ik mijn oudedagsreserve zou opmaken aan koning David en zijn mannen. Absalom zou ons dorp kunnen aanvallen en plunderen als we David helpen. Waarom zou ik al die moeite doen? Waarom zou ik dat risico lopen? Op mijn leeftijd heb ik genoeg zorgen aan mijn hoofd.'

In plaats daarvan nam Barzillai de leiding in de hulpactie voor de vervolgde koning. De Bijbel vertelt hoe Barzillai en zijn vrienden dekens, kookgerei en voedsel brachten: tarwe, gerst, meel, geroosterd graan, bonen en linzen, honing, boter, kaas en schapen en geiten (zie 2 Samuël 17:28-29). Denk eens aan alle organisatie en de offers die hiervoor nodig waren! Barzillai zag wat er nodig was en deed zijn uiterste best om daarin te voorzien, ondanks zijn ouderdom en gebreken. Als hij had gefaald, of als hij had geweigerd om te helpen, waren David en zijn mannen wellicht omgekomen in de onherbergzame woestijn voorbij de Dode Zee – en dan was de verdere geschiedenis van Gods volk heel anders verlopen. Maar hij faalde niet en het leven van koning David werd gespaard.

Waar het om gaat is dit: als oude man kon Barzillai niet meer alles doen wat hij vroeger deed – maar hij deed wat hij kon en God maakte gebruik van zijn inzet. Dat kan ook voor ons gelden in onze ouderdom.

De grote wolk van getuigen

Barzillai is niet de enige persoon in de Bijbel die pas op latere leeftijd zijn grootste bijdrage leverde. Het Woord staat zelfs vol met voorbeelden van mannen en vrouwen die juist door God gebruikt werden toen ze ouder waren, en vaak met groot resultaat.

We lezen in de Bijbel dat God in de eeuwen voor Noach en de zondvloed, zijn dienaren een zeer lang leven gaf. Adam werd negenhonderddertig jaar. Metuselach – de oudste mens in de Bijbel en de grootvader van Noach – stierf toen hij negenhonderdnegenenzestig jaar was. Zijn leven lang was Metuselachs vader, Henoch, een bijzonder voorbeeld voor hem geweest. Hij liet zijn zoon zien wat het betekende om een hechte relatie met God te hebben. In de Bijbel staat: 'In totaal leefde hij driehonderdvijfenzestig jaar. Henoch leefde in nauwe verbondenheid met God; aan zijn leven kwam een einde doordat God hem wegnam' (Genesis 5:23-24).

Met zijn godvruchtige voorbeeld beïnvloedde Henoch niet alleen zijn zoon, maar ook zijn afstammelingen die hem niet eens meer meegemaakt hadden. In de Bijbel staan maar weinig geloofsvoorbeelden die groter zijn dan dat van Henochs kleinzoon Noach. Te midden van een generatie die God bespotte en zich overgaf aan elke denkbare zonde, lezen we dat Noach een rechtschapen man was, '...de enige die in zijn tijd een voorbeeldig leven leidde, in nauwe verbondenheid met God' (Genesis 6:9). Toen God hem de opdracht gaf om een ark te bouwen, was Noach vijfhonderd jaar oud.

Na de zondvloed (waarmee God een oordeel bracht over de opstandige wereld en een weg opende voor een nieuw begin) koos God weer een oude man, Abram – of Abraham, zoals hij later zou heten – om zijn doelen te verwezenlijken. Abram was door God geroepen om de grondlegger te worden van het volk waar de Messias uit voort zou komen, de Redder van het menselijk geslacht. Hij was vijfenzeventig jaar oud toen God hem riep en hij was al honderd toen zijn zoon Isaak werd geboren, '...op de vastgestelde tijd, die God hem had genoemd' (Genesis 21:2).

Verspreid in de Bijbel staan nog meer voorbeelden van personen die door God werden gebruikt toen ze ouder waren – mannen en vrouwen die weigerden hun hoge leeftijd aan te voeren als excuus om niet te hoeven doen wat God van hen vroeg. Mozes was tachtig toen God hem riep om de Sinaïwoestijn te verlaten en naar Egypte terug te keren om het Joodse volk uit de slavernij te leiden. Hij bleef hun leider tot zijn dood, veertig jaar later. Jozua, zijn opvolger, was ongeveer tachtig jaar toen God hem de verantwoordelijkheid gaf om het volk het beloofde land binnen te leiden. Hij diende tot zijn dood, op honderdtienjarige leeftijd. Hoewel Jeremia een jonge man was toen God hem als profeet aanstelde, bleef hij zijn roeping trouw tot aan zijn dood – vermoedelijk tussen zijn negentigste en honderdste levensjaar – ondanks tegenstand en oorlog.

Ook in het Nieuwe Testament staan talloze voorbeelden van mannen en vrouwen die op hoge leeftijd door God gebruikt werden. Toen Zacharias van God de boodschap kreeg dat zijn vrouw Elisabet Johannes de Doper, de voorloper van de Messias, zou baren, geloofde hij dit eerst niet. De reden die hij daarvoor aanvoerde was: 'Ik ben immers een oude man en ook mijn vrouw is al op leeftijd' (Lucas 1:18). Maar God gebruikte hen allebei toch, ondanks zijn twijfels. Anna, die met blijdschap het kind Jezus herkende als de beloofde Messias, toen Maria en Jozef Hem in de tempel brachten om Hem aan God toe te wijden, '...was op hoge leeftijd gekomen en... een weduwe van ongeveer vierentachtig jaar...' (Lucas 2:36-37, HSV). De apostel Johannes schreef het boek Openbaring toen hij om zijn geloof gevangen was gezet op het afgelegen eiland Patmos. Hij was toen waarschijnlijk ouder dan negentig. Paulus, die na vele jaren offervaardige zendingsdienst schreef vanuit de gevangenis, beschreef zichzelf als '...een man van respectabele leeftijd...' (Filemon 1:9) – maar sprak ook de hoop uit dat hij zou worden vrijgelaten, zodat hij verder kon gaan met het verkondigen van Christus (zie Filemon 1:22). Ik zou nog veel meer voorbeelden kunnen geven van mensen die in hun latere jaren door God werden gebruikt, niet alleen uit de Bijbel, maar ook uit de geschiedenis.

Je aansluiten bij de getuigen

Wellicht zeg je nu tegen jezelf: ‘Dat was misschien zo voor hen, maar voor mij zal dat niet opgaan. Op een dag ben ik oud en als het zover is, ben ik van weinig nut meer. En trouwens, als ik met pensioen ga, wil ik het rustig aan doen.’ Misschien leef je wel in de overtuiging dat die dagen voor jou al zijn aangebroken.

Deze mannen en vrouwen waren niet anders dan anderen. En ook waren het niet per se van die buitengewone, bovenmenselijke personen die je maar eens in de zoveel jaar tegenkomt. De meeste waren gewone mannen en vrouwen, en om die reden kunnen we wat van ze leren. In de eerste plaats dit: ouderdom heeft zijn beperkingen en uitdagingen, maar desondanks kunnen onze latere jaren de meest lonende en bevredigende van ons leven zijn. Voor hen was dat zo. Voor ons kan dat ook zo zijn.

Zij waren – mentaal, lichamelijk, emotioneel en vooral geestelijk – voorbereid op alles wat hun oude dag voor hen in petto had. Dat maakte al het verschil. Ze waren in staat om te doen wat ze deden omdat ze al voorbereid waren op de ouderdom, lang voordat die was aangebroken. Ze werden er niet door verrast. Ze wisten dat als God hun een lang leven zou geven, Hij altijd bij hen zou zijn en Hij nog een bedoeling met hun laatste jaren had. Voor hen was ouder worden niet iets om te ontkennen of bang voor te zijn. Het was iets om te omarmen als onderdeel van Gods plan voor hun leven. Het waren gewone mensen – maar met een buitengewoon geloof.

Hoe bereidden ze zich voor op de onverwachte wendingen van het ouder worden? En hoe kunnen wij ons voorbereiden op die laatste jaren, hoe jong of oud we op dit moment ook zijn? Met andere woorden, hoe kunnen we ons leven bouwen op een stevig, onwankelbaar fundament dat ons de rest van ons leven kan dragen? God heeft ons de nodige antwoorden gegeven. We moeten ze alleen ontdekken en toepassen op ons leven.

Bijna thuis, met triomferende verwachtingen

Hoewel oud worden de grootste *verrassing* van mijn leven was, moet de grootste *triomf* nog komen: de overwinning over de dood, waardoor ik word binnengeleid in de eeuwige nabijheid van mijn Redder, de Heer Jezus Christus.

Naar de maatstaf van de huidige maatschappij is de oude dag misschien geen aantrekkelijke levensfase. Maar het is mijn gebed dat wie in Jezus Christus gelooft het laatste stuk met opgeheven hoofd zal lopen, net als de honderdtwintigjarige Mozes, vlak voor zijn sterven. 'Toen... beklom Mozes de Nebo... Daar liet de Heer hem het hele land zien... Zo stierf Mozes... Nooit meer heeft Israël een profeet gekend als Mozes, met wie de Heer zo vertrouwelijk omging' (Deuteronomium 34:1,5,10).

Dit is een opmerkelijk bijbelgedeelte, omdat Mozes door zijn eerdere ongehoorzaamheid weliswaar het land niet mocht binnengaan, maar God hem wel toestond om op zijn hoge leeftijd het beloofde land te aanschouwen. Ik vraag me vaak af of God in zijn wijsheid het gezichtsvermogen van ouderen niet vertroebelt, zodat het hier en nu vervaagt en ze meer gericht raken op de eeuwigheid.

Gods Woord vertelt ons dat Jozua, de opvolger van Mozes,

vervuld was van de Geest van wijsheid sinds Mozes hem de handen had opgelegd. De Israëlieten luisterden naar Jozua en daarmee deden ze wat de Heer tegen Mozes had gezegd (zie Deuteronomium 34:9). Zelfs nadat Mozes gestorven was, werkte de invloed van zijn leven nog door in Jozua, de grote militaire aanvoerder van Gods volk.

Welk getuigenis laat jij achter voor degenen die na jou komen? Je herinnering aan de dingen die God voor je deed, zal je sterken wanneer je oud bent. Anderen zien je gedrag en je houding. Denk niet te gering over de invloed die je kunt hebben. Geef de basiswaarden van Gods Woord door, zodat jongere generaties net als Jozua vervuld zullen zijn van de Geest van wijsheid.

2.

Het leven kent geen pensioen

Ga nu mee naar een eenzame plaats om alleen te zijn en een tijdje uit te rusten.
MARCUS 6:31

Wees niet bang om oud te worden. Het is een voorrecht dat velen niet zullen smaken.
AUTEUR ONBEKEND

'Geniet van het leven – er is een vervaldatum,' stond er op de bumpersticker van een oude rode Ford Thunderbird cabriolet. Hij stond geparkeerd naast een glimmende, gloednieuwe, zwarte Thunderbird. De twee auto's scheelden vijftig jaar in leeftijd. Ik moest glimlachen toen ik erachter kwam dat op de achterbank van het model uit 1961 een tiener en een peuter zaten, de kleinkinderen van de bestuurder. De eigenaar van de zwarte auto was zijn zoon – de drie generaties waren gezamenlijk op vakantie. De situatie deed me denken aan de tijd dat mijn kinderen klein waren en we met zijn allen in één auto gepropt zaten. We vormden een hecht gezin. Voor de meeste gezinnen van tegenwoordig is dat iets van vroeger tijden.

Ik hoorde dit verhaal van een vriendin. Terwijl ze met de grootouders praatte, kwamen er steeds meer bewonderaars om de auto uit 1961 heen staan, die destijds Bullet Bird werd genoemd en later een symbool werd van de *American Dream.* John F. Kennedy was een groot liefhebber van deze Bullet Birds en liet er vijftig meerijden in zijn inauguratieoptocht van 1961. Ik vond het prachtig om te horen dat de oude auto alle aandacht kreeg, terwijl het nieuwe model met al zijn moderne snufjes in de schaduw moest blijven. Misschien kwam het, omdat er in het nieuwere type niemand zat die wat kon laten zien. Maar ik denk eerder dat het kwam door het contrast tussen de zilverharige opa en die twee levendige kinderen, die ongeduldig zaten te wachten tot de reis verderging. Toen ik hoorde dat de man deze auto al vijftig jaar in bezit had, kreeg het verhaal een persoonlijk tintje.

Het lijkt vreemd dat er in een wereld vol snelheid en onmiddellijke bevrediging zoveel interesse bestaat voor relikwieën, antiek en versleten spijkerbroeken. Toen Coca-Cola in 1985 haar honderd jaar oude formule veranderde en een nieuwe naam en een nieuwe smaak lanceerde, vroeg het publiek direct weer om het oude vertrouwde recept. Binnen twee maanden zag het bedrijf zich genoodzaakt de drank aan de man te brengen onder de naam Coca-Cola Classic, waardoor de verkoopcijfers weer omhoog gingen. De conclusie van de marketingexperts was dat de formule de tand des tijds had doorstaan. Het nieuwe recept was afgetroefd door hun oude, geheime handelsrecept, zoals werd bewezen door miljoenen liefhebbers die vonden dat je niet mocht knoeien met 'the real thing'.

Wat heeft dit nu allemaal te maken met oud worden? Oud is authentiek. Oud is echt. Oud is waardevol. Sommigen zeggen zelfs dat oud mooi is. Ik hoorde eens over een oudere vrouw die zei: 'Ik wilde dat ik genoeg tijd, geld en moed had om een facelift te ondergaan… mijn gezicht zakt uit!' Waarop haar man zei: 'Lieveling, de goedkoopste en meest effectieve facelift is gewoon glimlachen. Je trekt er je gezicht mee omhoog en je trekt er mensen mee aan.'

Natuurlijk kunnen niet alle oudere mensen achter het stuur van een droomauto kruipen of een facelift ondergaan, maar we hebben wel de keus om tevreden te zijn met ons leven, ook al zijn we oud. Het alternatief is immers dat we er helemaal niet meer zijn. Kunnen we met de apostel Paulus zeggen '… ik heb geleerd tevreden te zijn in de omstandigheden waarin ik verkeer' (Filippenzen 4:11, HSV)? Ik moet toegeven dat ik het autorijden wel mis, maar ik ben dankbaar dat anderen me naar mijn afspraken willen rijden. Mijn kwalen en pijnen herinneren me eraan dat ik niet meer zo jong ben als ik zou willen zijn. Maar ik ben dankbaar dat ik er nog ben, zodat ik erover kan praten, en dat er iemand zo vriendelijk is om geduldig te luisteren. De spiegel liegt niet, maar ik kan erin glimlachen, omdat ik met mijn slechte ogen toch mijn rimpels niet kan zien. Zelfs nu ik tweeënnegentig ben, wil ik graag leren om tevreden te zijn. We zouden nooit te oud moeten zijn om te leren. Of te oud om te glimlachen!

Er bestaat een verhaal van een chique dame die door een politieman werd aangehouden en moest verklaren waarom ze de maximumsnelheid had overtreden. De oude heer naast haar begon te lachen en zei: 'Jongeman, we reden te hard omdat we op onze bestemming wilden zijn voordat we zouden vergeten waar we heengingen.' Het is belangrijk dat we onze bestemming bereiken. Net zo belangrijk zijn zij die ons volgen op dezelfde reis, al weten ze het zelf nog niet. De oudere generatie kan de jongere misschien niet zo goed bijhouden, maar laten we niet vergeten dat zolang we nog ademen *wij* degenen zijn die de weg wijzen. De volgende generaties leren van ons hoe ze ouder moeten worden. Geven we het goede voorbeeld? We hebben allemaal fouten gemaakt en we zouden willen dat we de klok konden terugdraaien om een aantal dingen recht te zetten. Dat gaat helaas niet. Maar de lessen die we door onze fouten en onze successen hebben geleerd, kunnen wel een hulp zijn voor hen die na ons komen. De invloed die we op hen kunnen hebben, kan het verschil betekenen tussen het achterlaten van goede herinneringen en de leegte van 'uit het oog, uit het hart.'

Een tienerdochter van een vriend van ons werk vertelde dat ze erbij was geweest toen haar grootvader thuis overleed. Met tranen in haar ogen zei ze: 'Ik zal nooit vergeten hoe liefdevol opa werd verzorgd door mijn grootmoeder. Daardoor heb ik bewogenheid gekregen voor zieken en mensen die sterven. Maar bovenal heb ik ervan geleerd hoe je dapper kunt leven onder moeilijke omstandigheden.' De jeugd kan een hoop leren van hen die de hele weg al zijn gegaan. En evengoed doen de ouderen er verstandig aan om de bijdrage van jongeren aan *hun* leven te waarderen. Jongere mensen zullen onze fouten en onze successen zien. Hopelijk zien wij ook hun moeiten en prestaties en moedigen we hen aan terwijl ze het onbekende tegemoet gaan. De Bijbel zegt: 'Voor alles wat gebeurt is er een uur, een tijd voor alles wat er is... een tijd om te zoeken en een tijd om te verliezen' (Prediker 3:1,6). In tijden van verlies mogen we zoeken naar betekenis. Laten we ook in tijden van verdriet en teleurstelling Gods plan niet mislopen, want Hij is altijd bij ons, de hele reis.

Ik moet denken aan het verhaal van een echtpaar dat na vele jaren hard werken reikhalzend uitzag naar hun pensioen. Ieder jaar hadden ze hun vakantie doorgebracht in hetzelfde afgelegen kustplaatsje in het noordwesten van de Verenigde Staten. Door zijn baan bij een grote luchtvaartmaatschappij hadden ze veel kunnen reizen, maar dit was hun toevluchtsoord, de enige plaats in de hele wereld waar ze zich werkelijk konden ontspannen. Volgens hen was er geen betere manier om energie op te doen dan met een strandwandeling of een rustig etentje, terwijl ze de zon zagen ondergaan in de Stille Oceaan. Toen er een huisje beschikbaar kwam, met uitzicht op de oceaan, kochten ze het onmiddellijk. Dit zou hun thuishaven worden, zodra ze met pensioen konden gaan.

Eindelijk was het zover. De man werd door de luchtvaartmaatschappij gehuldigd voor zijn lange dienstverband. Het echtpaar zette hun huis te koop en begon aan de tweeduizend kilometer lange tocht naar hun nieuwe onderkomen. Daar aangekomen, namen ze het ervan: lange wandelingen langs de brekende golven, het ontspannen leven van een klein stadje en de vrijheid om zelf de dag in te delen en te doen wat ze wilden. Alles was precies zoals ze het zich altijd hadden voorgesteld. Dit was het ware leven!

Maar na een week of vijf begonnen ze zich onrustig te voelen en ze wisten dat ze een vergissing hadden begaan. De aanblik van de golven die tegen de rotsen spatten was niet genoeg om het gemis te compenseren van hun oude leven, tweeduizend kilometer verderop. En na die eerste weken van rust, verloren de restaurants, de cafeetjes en de winkels langzaam hun charme. 'Is dit alles wat we de komende twintig of dertig jaar zullen doen?' vroegen ze zich af. 'Wat bezielde ons om onze kinderen en kleinkinderen achter te laten?' Ze hadden het geluk dat het huis waar ze dertig jaar in hadden gewoond nog niet verkocht was en dus pakten ze hun spullen in en gingen ze terug naar huis. De man ging in deeltijd als adviseur bij zijn oude werkgever aan de slag en zei: 'Ik dacht dat ik aan pensioen toe was, maar ik had er blijkbaar niet goed over nagedacht.'

Met pensioen gaan: een grote verandering

Veel mensen zouden een soortgelijk verhaal kunnen vertellen. Het oude gezegde gaat nog steeds op: het gras bij de buren is altijd groener. Met pensioen gaan is heel wat anders dan een vakantie van twee weken en verandering hoort bij het leven, hoe jong of oud we ook zijn.

De tijd neemt ons mee van kindertijd naar puberteit, naar jongvolwassenheid en een carrière, meestal gevolgd door trouwen en kinderen krijgen en – uiteindelijk – het lege nest. Sommige overgangen in het leven zijn voorspelbaar, maar andere kunnen ons verrassen.

Het leven zit vol veranderingen, maar de grootste is misschien toch wel het met pensioen gaan. Velen zien ernaar uit, terwijl anderen er niets van willen weten. Vroeg of laat krijgt vrijwel iedereen die lang genoeg leeft ermee te maken. 'Ik kan niet wachten tot ik met pensioen ga,' schreef een man van begin zestig me onlangs – iets wat ik door de jaren heen honderden keren heb gehoord. Een ander zei tegen me: 'Mijn vrouw en ik zijn nog geen veertig en het is onze grootste ambitie om met pensioen te kunnen gaan wanneer ik vijftig word.' Onlangs hoorde ik ook een heel ander geluid: 'Bij mijn bedrijf geldt een verplichte pensioenleeftijd en over een paar jaar moet ik eruit. Daar zie ik vreselijk tegenop. Ik houd van mijn werk en ik zou niet weten wat ik moest doen als ik geen werk had.'

Mensen reageren verschillend, omdat ze verschillend zijn, maar voor de meesten is het einde van hun werkzame leven toch een keerpunt – een belangrijke mijlpaal die niet alleen het einde van een carrière markeert, maar ook het begin van hun laatste jaren. Met pensioen gaan is maar één van de veranderingen die de meesten van ons ondergaan wanneer ze ouder worden, maar het is wel een heel grote. Zelfs als onze partner niet buitenshuis heeft gewerkt, is de overgang voor hem of haar even ingrijpend als voor ons.

Misschien zien we de jaren na onze pensionering als een tijd van rust en ontspanning, en tot op zekere hoogte is dat ook zo. Maar er zit ook een andere kant aan: net als in elke andere levensfase zijn er ook in onze laatste jaren allerlei veranderingen. Het besluit om met pensioen te gaan... de aanpassing aan een ander dagritme... een met de jaren afnemende gezondheid... het verlies van een partner... de noodzaak om te verhuizen, wellicht naar een kleinere woning... een groeiende afhankelijkheid van anderen – deze en andere gebeurtenissen op onze oude dag brengen hun eigen moeilijkheden en aanpassingen met zich mee.

En toch zijn veel mensen slecht voorbereid op de realiteit van het gepensioneerde leven, ofwel omdat ze door een roze bril kijken, ofwel omdat ze er liever helemaal niet over nadenken. 'Ik heb nooit zo nagedacht over mijn pensioen of het ouder worden,' bekende een gepensioneerde zakenman me eens. 'Als ik in mijn bedrijf net zo weinig vooruit had gedacht als ik deed met mijn pensioen,' voegde hij eraan toe, 'dan was ik failliet gegaan.' 'Ik dacht dat ik op mijn seniorentijd was voorbereid,' schreef een vrouw mij. 'Als alleenstaande werkende vrouw besteedde ik altijd veel aandacht aan mijn financiële zekerheid. Maar nu besef ik dat ik helemaal niet ben voorbereid op de emotionele en geestelijke uitdagingen waar ik voor sta. Ik heb ontdekt dat het om veel méér gaat dan alleen financiële zekerheid. Om véél meer.'

Pensionering en de Bijbel

Werken is een onderdeel van Gods plan met ons leven. Werken is niet alleen iets wat we doen om brood op de plank te krijgen. Het is één van de belangrijkste mogelijkheden die God ons heeft gegeven om Hem te verheerlijken. De schrijver van Prediker verklaarde: 'Het beste voor de mens is nog: eten en drinken en genieten van wat hij met veel zwoegen bereikt heeft. Want ook dat, zo begreep ik, komt uit de hand van God' (Prediker 2:24, WV95). Paulus zei: 'Dus of u nu eet of drinkt of iets anders doet, doe alles ter ere van God' (1 Korintiërs 10:31).

Het grootste deel van zijn leven werkte Jezus met zijn handen. 'Hij is toch die timmerman?' zeiden sommige van zijn vijanden smalend, waarmee ze (ten onrechte) suggereerden dat iemand met zo'n gewoon beroep als timmerman zeker niet de Messias kon zijn (zie Marcus 6:3). Ook de apostel Paulus werkte met zijn handen. Op zijn reizen verdiende hij vaak de kost met het maken van tenten (zie Handelingen 18:3). In

Gods ogen heeft elk legitiem werk zijn waardigheid en belang. Dit betekent dat we ons werk met trots, voortvarendheid en integriteit mogen doen.

Maar ons werk is nooit bedoeld om de centrale plaats van ons leven in te nemen. Die plaats komt alleen toe aan God en wanneer we ons laten beheersen en overheersen door ons werk, is het een afgod geworden – en dat is niet goed. Iemand die erover opschept dat hij zeventig, tachtig, of nog meer uren per week werkt, denkt misschien dat hij zijn werk de baas is – maar in werkelijkheid is hij er een slaaf van geworden. Daar komt bij dat zijn identiteit of zijn eigenwaarde – dat wil zeggen, zijn besef van waarde of betekenis als persoon – vaak afhangt van zijn vermogen om te werken, omdat hij weinig anders doet. Helaas wordt dit beeld door onze materialistische maatschappij alleen maar bevestigd en gestimuleerd. Maar God zegt dat je méér bent dan je werk en dat je werk slechts een onderdeel is van zijn bedoeling met jou.

Betekent dit dan dat het in Gods ogen verkeerd is om te stoppen met werken en met pensioen te gaan?

Het is een feit dat het woord pensioen niet in de Bijbel staat. Over het algemeen werkten de mensen in die tijd zo lang als ze daar lichamelijk toe in staat waren. Dat moesten ze ook wel, want er waren geen sociale voorzieningen of oudedagsverzekeringen waar ze in hun latere jaren op konden terugvallen. Bovendien werkten veel mensen voor zichzelf als boer, visser of ambachtsman. Blijven werken was hun enige mogelijkheid om te overleven (zoals dat in grote delen van de wereld nog steeds zo is). Als ze niet konden werken, waren ze meestal afhankelijk van verzorging door hun familie. Soms was dat echter niet mogelijk en daarom draagt de Bijbel ons ook op om speciaal om te zien naar hen die het zonder hulp van familieleden moeten stellen – de weduwen, wezen en mensen met beperkingen. De psalmist schreef:

Doe recht aan weerlozen en wezen, kom op voor verdrukten en zwakken, bevrijd wie weerloos zijn en arm…
PSALM 82:3-4

We vinden in de Bijbel maar één concreet voorbeeld van pensioen. Dat betreft de leden van de stam van Levi, die verantwoordelijk waren voor het assisteren van de priesters in de tabernakel (en later in de tempel), het centrum van Israëls aanbidding van God. Ze moesten ook het gebouw onderhouden en zorg dragen voor de heilige voorwerpen die in de dienst werden gebruikt. Hun verantwoordelijkheden begonnen op de leeftijd van vijfentwintig jaar, maar, zo zegt de Bijbel, 'wie vijftig jaar is, is van die verplichting ontslagen en hoeft niet langer dienst te doen' (Numeri 8:25). De reden wordt niet genoemd, maar waarschijnlijk was dit om het gevaar te verminderen dat iemand per ongeluk (door lichamelijke zwakte) iets liet vallen wat voor de dienst werd gebruikt, waardoor het beschadigd raakte of ceremonieel onrein zou worden. Het zou ook kunnen dat de leeftijdsgrens bestond om een nieuwe generatie van Levieten de kans te geven hun verantwoordelijkheden op zich te nemen.

Onze huidige maatschappij zit heel anders in elkaar. Het idee dat er een tijd komt dat we stoppen met werken en van onze latere jaren zullen genieten is verankerd in ons denken. Oudere mensen worden vaak gestimuleerd om te stoppen met werken om werkgelegenheid te scheppen voor jongeren.

Er is niets mis met stoppen met werken en die jaren kunnen de beste van ons leven zijn, als we ze kunnen zien als een geschenk van God. God rustte op de zevende dag, nadat Hij zijn scheppingswerk had voltooid. Wij hoeven ons niet schuldig te voelen als Hij ons de gelegenheid geeft om te rusten, nadat ons werk is voltooid.

Mijn eigen pensionering

Het besluit om mijn levenslange werk als evangelist neer te leggen was niet gemakkelijk voor me. Al jaren had ik tegen iedereen gezegd dat ik pas met pensioen zou gaan wanneer God besloot dat het tijd was – maar wat bedoelde ik daar eigenlijk mee? Langzaam drong het tot me door dat het niet zo eenvoudig was om te weten wanneer God vond dat het tijd was, behalve dan wanneer ik ernstige gezondheidsklachten zou krijgen. Ik had ooit eens gehoord over een bekende predikant die niet van ophouden wist, ook al had hij al lang met pensioen moeten zijn. Op een dag moest iemand hem bij zijn elleboog pakken en hem voorzichtig bij de kansel weghalen, omdat hij onsamenhangend sprak. Dat wilde ik in elk geval niet meemaken.

Maar naarmate de jaren voorbijgingen, merkte ik dat ik de lichamelijke kracht niet meer had om mijn gebruikelijke programma te volgen. Na veel gebed en overleg met mensen die ik respecteerde om hun wijsheid, begon ik de lengte (en het aantal) van onze stadscampagnes terug te brengen van twee weken naar tien dagen, toen naar een week, en uiteindelijk naar drie dagen. Ook andere afspraken ging ik steeds meer beperken om mijn krachten te sparen. Op den duur droeg ik steeds meer van het dagelijkse administratieve werk in onze organisatie over aan mijn zoon Franklin. Door zijn betrokkenheid bij evangelisatie en zijn ruime ervaring als voorzitter van een wereldwijde christelijke hulpverleningsorganisatie was hij beslist in staat om ons werk te leiden. In 2001 koos onze raad van bestuur hem unaniem tot voorzitter in mijn plaats.

Maar onze campagnes gingen gewoon door. En hoewel ik op den duur zelfs een driedaagse campagne vermoeiend vond, bleef God de verkondiging van zijn Woord zegenen. Hoe zou ik dan mijn werk neer kunnen leggen? Hoewel ik bang was om te lang door te gaan, was ik net zo bang om te vroeg op te houden.

Mijn beslissing om te stoppen met de evangelisatiecampagnes kwam geleidelijk en, om eerlijk te zijn, wat aarzelend. Maar terwijl ik doorging met bidden en het vragen om raad, merkte ik dat God me beslist leidde naar de beëindiging van dat deel van mijn bediening. Niemand is onmisbaar. Ik wist dat God anderen (waaronder Franklin) zou laten opstaan om de verkondiging van het evangelie voort te zetten. Het gevolg was dat ik na veel gebed concludeerde dat onze campagne van 2005 in New York mijn laatste zou zijn. Tegen de tijd dat de campagne ten einde liep, kreeg ik hier werkelijk vrede mee en wist ik dat ik de juiste beslissing had genomen.

Dit betekende niet dat ik nooit meer zou preken. Een jaar later deelde ik de spreekstoel met Franklin, op de slotavond van zijn festival in Baltimore. Zelfs nu ik dit hoofdstuk nalees, denk ik na over een gelegenheid om een korte boodschap op het internet te zetten (waarmee volgens sommigen het grootste publiek zou worden bereikt dat we in onze bediening ooit hadden). Ik heb nu ook meer tijd om dingen te doen die ik altijd heb willen doen, zoals het ontmoeten en bemoedigen van jonge evangelisten. Van tijd tot tijd ben ik in staat om ons trainingscentrum *The Cove* in Asheville of de *Billy Graham Bibliotheek* in Charlotte te bezoeken. Ook andere onderdelen van mijn bediening kon ik voortzetten. Zo schrijf ik nu en dan boeken en artikelen. Maar niets geeft me meer voldoening dan de berichten van anderen die aan het front staan. Het is zo bemoedigend om te zien hoe God door anderen heen verder gaat met zijn werk.

Als oudere generatie moeten we ons bewust zijn van onze verantwoordelijkheid om voor anderen te bidden. Door ons pensioen zouden we niet uitgerangeerd moeten zijn. We zouden deze periode van ons leven moeten gebruiken om uit te rusten van ons werk, maar ook om anderen die een zware last te dragen hebben te bemoedigen.

Jouw pensionering

De vraag blijft: hoe besluit je wanneer je met pensioen zult gaan? Zul je zijn als het echtpaar dat te vroeg stopte met werken? Of zul je zijn als die man die een groot, succesvol bedrijf had opgebouwd, maar weigerde om te stoppen of een opvolger te benoemen? Met als gevolg dat hij zijn bedrijf in chaos achterliet, toen hij op drieënnegentigjarige leeftijd stierf. Het belangrijkste advies dat ik je kan geven is dit: probeer Gods wil te ontdekken aangaande je pensionering. Het zou wel eens één van de belangrijkste beslissingen kunnen zijn die je ooit neemt. Dus waarom zou je er niet voor bidden? Zoek Gods wil en geef het over in de handen van de Enige die weet wat voor jou en je gezin het beste is.

Maar hoe, vraag je je misschien af, kun je Gods wil aangaande je pensioen ontdekken? Wat zijn de signalen waar je op moet letten? Ik heb geen geheime formule, maar ik geef je graag drie dingen mee die God zou kunnen gebruiken om je te leiden.

Let op je situatie

Misschien wordt je lichamelijke gezondheid minder, of je merkt dat je eerder moe bent dan vroeger. Ook al ben je nu gezond, daar zal waarschijnlijk ooit verandering in komen. Zijn er dingen die je altijd al hebt willen doen voordat het zover is? Of misschien heb je het gevoel dat je niet opgewassen bent tegen de uitdagingen waar je werk je voor stelt, zoals veranderingen in de techniek. Hoe staat het met je financiële gezondheid? Is je pensioen geregeld? Is je zorgverzekering in orde? Heb je misschien sinds kort een andere houding tegenover je werk? Vond je je werk bijvoorbeeld eerst interessant of bevredigend, maar is het nu een last voor je geworden? Je antwoord op dit soort vragen wijst er misschien op dat het tijd is om over pensionering na te denken.

Denk aan je partner

Neem deze beslissing niet alleen. Voor je partner is je pensionering even ingrijpend als voor jou. Als je partner nog werkt, zal hij of zij dan gelijktijdig met jou stoppen met werken? En als dit niet zo is, wat ga jij dan doen, terwijl je partner doorwerkt? Als hij of zij niet werkt, wat zal er dan door je pensionering veranderen voor je relatie? Als je partner geen voorstander is van je beslissing om te stoppen met werken, of als hij of zij niet begrijpt waarom je erover nadenkt, is het misschien beter om je plannen uit te stellen.

Denk aan de valkuilen

'Tijdens mijn hele loopbaan werd ik omringd door mensen met wie ik graag samenwerkte,' vertelde een man aan een vriend van mij. 'En ik voelde me altijd een belangrijk onderdeel van het team. Maar nu ik met pensioen ben, belt er niemand en ik voel me nutteloos. Ik ging een paar keer langs op kantoor, gewoon om te kijken hoe het met iedereen ging, maar ik voelde me net een indringer.'

Eenzaamheid, doelloosheid, depressiviteit, een gevoel van nutteloosheid, gespannenheid, angst voor de toekomst – deze en nog veel meer gevoelens komen vaak voor onder gepensioneerden. Het trieste is dat sommigen niet in staat zijn hun nieuwe situatie het hoofd te bieden en een verrassend groot aantal ouderen bezwijkt aan een ziekte, vaak niet meer dan een jaar nadat ze met werken zijn gestopt. 'Op de overlijdensakte die ik ondertekende, staat dat hij overleed aan een beroerte. En medisch gezien klopt dat ook,' vertelde een dokter me over één van zijn onlangs gepensioneerde patiënten. 'Maar eigenlijk denk ik dat hij overleed aan een gebroken hart. Hij voelde zich gewoon nutteloos en wilde niet meer leven.'

Wees je bewust van deze valkuilen als je overweegt om met pensioen te gaan. Doe alles wat je op dit moment kunt doen om je voor te bereiden op de veranderingen die de pensionering onvermijdelijk met zich meebrengt. God wil niet dat je je nutteloos en depressief zult voelen. Hij wil ook niet dat je onverstandige beslissingen over je toekomst neemt. Begin niet aan je pensioen zonder hier goed over te hebben nagedacht en het te hebben gepland, of zonder de overtuiging dat God je leidt, want de Bijbel zegt: '...wie verstandig is, let op elke stap' (Spreuken 14:15).

Pensionering en dankbaarheid

Laten we niet vergeten dat er vóór ons vele generaties in dezelfde situatie verkeerden, maar zonder de gemakken die wij kennen. Dankzij die gemakken hebben we door de dag heen meer tijd voor andere activiteiten. De meesten van ons hoeven niet langer voedsel te verbouwen, elke ochtend water te halen of vele kilometers te lopen om slechts met een vriend te kunnen praten. In plaats van gefrustreerd te zijn over al die techniek, is het beter om dankbaar te zijn voor de tijd die we erdoor krijgen, zodat we ons kunnen concentreren op zijn zegeningen. Je kunt uren vullen met nadenken over alles wat God gegeven heeft – en dat is geen slecht idee. 'Ten slotte,' zegt Paulus tegen de Filippenzen, 'schenk aandacht aan alles wat waar... edel... rechtvaardig... zuiver... lieflijk is, alles wat eervol is, kortom, aan alles wat deugdzaam is en lof verdient' (Filippenzen 4:8).

Bijna thuis en dankbaar

De apostel Paulus schreef deze heerlijke en hoopvolle woorden aan de gemeente in Filippi, terwijl hij gevangen zat. Ondanks zijn primitieve omstandigheden schreef hij zijn broeders en zusters in Christus een brief, waarin hij ze aanspoorde in hun geloof. Degenen die hem gevangen hadden gezet, dachten ongetwijfeld dat hij nu wel 'gepensioneerd' zou zijn van zijn dienst aan God, maar Paulus ging door, vol ijver voor zijn Redder. Hij schreef: '…maar één ding is zeker: ik vergeet wat achter me ligt en richt mij op wat voor me ligt' (Filippenzen 3:13). Hoewel Paulus het einde van zijn leven naderde, liet hij zijn toekomst niet verstoren door het verleden – hij ging door. In een andere brief die Paulus vanuit de gevangenis aan zijn vriend Filemon schreef, noemde hij zichzelf '…Paulus, een man van respectabele leeftijd…' (Filemon 1:9). Toch liet hij zich niet door zijn gevangenschap of zijn lichamelijke beperkingen ervan weerhouden om anderen aan te moedigen en uit te dagen om te volharden in het goede werk.

Het Woord van God zou ons moeten vervullen met de zekerheid dat God zelf de ouderen niet in de steek heeft gelaten. Ben je bereid om je door God te laten gebruiken, ongeacht lichamelijke kwalen, financiële beperkingen of de eenzaamheid van het ouder worden? Vanuit de nood die Paulus kende, reikte hij uit naar anderen. Denk eens aan de beperkingen van Paulus en daarna aan de kracht van zijn woorden: 'Uw liefde heeft mij veel vreugde en troost gegeven, broeder, want u hebt de heiligen gesterkt' (Filemon 1:7). Dit is wat je kunt zijn: '…een geurig en aangenaam offer, dat God behaagt' (Filippenzen 4:18).

3.

Wat hoop kan doen

Zij dragen nog vrucht als ze oud zijn en blijven krachtig en fris.
PSALM 92:14

Het leven wordt niet afgemeten aan zijn duur, maar aan wat het gebracht heeft.
CORRIE TEN BOOM

'In de ouderdom... bloei dan ten laatste als een nachtbloeiende cereus.'[1] Deze uitspraak werd geschreven door wijlen dr. E. Stanley Jones, een zendeling in India, die oorspronkelijk uit Baltimore in de staat Maryland kwam. Hij had een enorme invloed op iedereen in zijn omgeving vanwege zijn buitengewone geloof en dienstbaarheid. In zijn latere leven spraken Franklin D. Roosevelt en Mahatma Gandhi erkenning voor zijn werk uit. Ondanks een beroerte op zevenentachtigjarige leeftijd, die hem verlamde en zijn spraak aantastte, bracht hij (door te dicteren) nog een laatste boek uit, *The Divine Yes*[2] (het goddelijke ja), en sprak hij vanuit zijn rolstoel op een wereldcongres in Jeruzalem, kort voor zijn dood in zijn geliefde India.

De cereus die hij noemde, is een cactusfamilie waarvan de bloemen in de nacht bloeien en daarmee schoonheid brengen in de woestijn. Sommigen zeggen dat deze planten vruchten voortbrengen die groot genoeg zijn om door mensen te worden gegeten. Stanley Jones wist in elk geval hoe je kon bloeien in de avond van je leven en hoe je in overvloed vrucht kon dragen. Denk eens aan al die mensen die hij op zijn levensweg heeft geïnspireerd. Hij heeft een waardig getuigenis gegeven van een aards leven vol betekenis, op weg naar het eeuwige leven. Doen wij, de oudere generatie, hetzelfde? Brengen wij vrucht voort waar anderen door gesterkt worden, of klagen we over onze omstandigheden en zuigen we anderen leeg die graag een vol leven zouden leiden? Maken we door onze houding jongere mensen bang voor het onvermijdelijke – oud worden? Zonder het te beseffen, bederven veel oudere mensen het plan dat God met hen heeft: de jongere generaties beïnvloeden door een voorbeeld te zijn. Een voorbeeld van vertrouwen op Hem en van hoop op zijn onveranderlijke beloften. We zouden tevreden moeten zijn, want Jezus zei: '... nooit zal Ik u afvallen, nooit zal Ik u verlaten' (Hebreeën 13:5).

Wijsheid voor ouderen

Naarmate je ouder wordt, kun je gemakkelijk het gevoel krijgen dat er niets meer valt te veroveren. En dus trekken velen zich terug in de golfkar of op de schommelstoel. Sommigen zeggen: 'Er valt niets meer te beleven.' Anderen bluffen: 'Ik heb alles al meegemaakt.' De waarheid is dat we tot onze dood nieuwe ervaringen opdoen. Ik kan je verzekeren dat mijn vrouw Ruth heel veel heeft meegemaakt in haar laatste dagen op aarde. Ze ervoer de vrede van God die Hij had beloofd. Soms maken mensen die ouder worden dezelfde dingen mee, maar ieder individu heeft zijn eigen unieke omstandigheden. Sommigen hebben een partner verloren. Anderen hebben kinderen die niet naar hen omzien. Sommigen zorgen voor een invalide partner. Anderen worden samen oud. Iemand zei: 'Als ik had geweten dat ik zo lang zou leven, had ik beter voor mezelf gezorgd!' Zo'n beetje het enige wat we, zonder er iets voor te hoeven doen, in de schoot geworpen krijgen, is de ouderdom.

Maar de ouderdom vrijwaart ons niet van het vervullen van ons doel in het leven. De psalmist smeekte de Heer om een zegen voor een uiterst nobele taak, toen hij vroeg:

Nu ik oud en grijs ben, verlaat mij niet, o God, zodat ik het nageslacht, elk nieuw kind, kan verhalen van de macht van uw arm.
Psalm 71:18

Door de hele Bijbel, van de aartsvaders en profeten in het Oude Testament tot de apostelen en volgelingen van Christus in het Nieuwe Testament, vinden we voorbeelden van mannen en vrouwen die een grote invloed hadden op de generaties na hen. En hun woorden leven voort tot op de dag van vandaag.

In de tijd dat Israël economisch in puin lag, verklaarde de profeet Joël:

Hoor mij aan, oudsten, leen mij allen het oor, inwoners van het land! Is iets als dit ooit geschied in jullie dagen of in de dagen van jullie

voorouders? Vertel het aan je kinderen, en laten je kinderen het aan hun kinderen vertellen en hun kinderen aan het volgende geslacht.
Joël 1:2-3

De profeet herinnert de ervaren, oudere generatie aan vroeger tijden, toen zij door soortgelijke ellende heengingen, en hoe God hen in zijn trouw had opgericht, nadat ze zich weer tot Hem hadden gekeerd. Hoe vaak zien we, nu de economische terugslag ons raakt, dat oudere mensen de jongeren om zich heen verzamelen om hun te leren wat zij in soortgelijke tijden hebben geleerd? Sommige ouderen ervaren een grote kloof tussen onze generatie en de volgende. Zij denken dat de jongere generatie ervan uitgaat dat de ouderen hun niets meer te bieden hebben.

We kunnen anderen niet dwingen om naar ons te luisteren, maar we kunnen wel de waarheid laten horen en bidden dat de Heer hun oren, verstand en hart opent voor wijsheid. De Bijbel verklaart:

Denk aan de tijden van weleer, verdiep u in het verre verleden. Vraag uw vader ernaar, hij zal het vertellen; vraag de oudsten en zij zullen verhalen.
Deuteronomium 32:7

Het Woord zegt dat een mens die wijsheid heeft gevonden gelukkig is en dat de wijsheid met haar ene hand een lang leven schenkt (zie Spreuken 3:13,16). Dit wil niet zeggen dat de oudere generatie alle antwoorden heeft – die hebben we niet. Onze verantwoordelijkheid als gelovigen van Christus is het proclameren van de wijsheid van zijn Woord. God heeft elke generatie door zegen of vloek geleerd naar Hem op te zien als de bron van alle dingen. De beste oplossing voor elk probleem, ook voor de generatiekloof, komt uit het Woord van God. Want waar het Woord van God wordt verkondigd, zal God zelf het zegenen.

De Bijbel leert jongeren dat ze oude mensen moeten respecteren en voor hun God ontzag moeten tonen (zie Leviticus 19:32), maar tonen ouderen wel ontzag voor de Heer? Zijn wij een voorbeeld voor de jeugd?

Als oude man schreef de apostel Paulus: 'Ik dank Christus Jezus, onze Heer, dat Hij mij kracht gegeven heeft en het mij heeft toevertrouwd Hem te dienen' (1 Timoteüs 1:12). Vervolgens gaf hij Timoteüs de raad: 'Sta niemand toe dat hij vanwege je jeugdige leeftijd op je neerkijkt, maar wees voor de gelovigen een voorbeeld in wat je zegt, in je levenswijze, in liefde, geloof en zuiverheid... zodat voor iedereen duidelijk wordt dat je vorderingen maakt. Neem je in acht, houd je aan de leer en blijf dat doen; dan red je zowel jezelf als hen die naar je luisteren' (1 Timoteüs 4:12, 15-16). Paulus erkende dat hij door God was toegerust om deze woorden van wijsheid tegen deze jonge man te spreken. Tegenwoordig verklaren velen dat je het christelijke geloof niet ingewikkeld moet maken door allerlei leerstellingen, en jonge mensen omarmen die gedachte, terwijl vele ouderen zich hullen in stilzwijgen. We zouden net zo vrijmoedig als Paulus advies moeten geven aan hen die jonger zijn dan wij. 'Zonen, luister naar de lessen van je vader,... wat ik je leer is waardevol...' (Spreuken 4:1-2).

Paulus houdt zijn geestelijke zoon ook nauwkeurig voor hoe hij de *ouderen* in het geloof kan onderwijzen. Hij moet de bijbelse leer vasthouden en onderwijzen aan jong *en oud*. Dit is een prachtig beeld waarin de ene generatie de andere beïnvloedt met de waarheid van God. Ook de ouderen kunnen van de jongeren leren. Dat is Gods wijsheid, het is zijn meesterplan.

Het is mijn gebed dat iedereen die dit boek leest, merkt hoe God hem aanmoedigt om invloed te hebben op de mensen om zich heen, ongeacht hun leeftijd. Probeer Gods bedoeling te ontdekken in elke omstandigheid, in elk gezicht en in elke stem waar je van dag tot dag mee in aanraking komt. Want de tijd die Hij je geeft, is niet zomaar tijd. Bereid je voor op elke dag, door de Heer te vragen je ogen te openen voor wat er om je heen gebeurt. Misschien voel je je eenzaam, maar gebruikt de Heer je glimlach om iemand anders dichter bij je te brengen. Misschien heb je pijn, maar gebruikt de Heer je moed om iemand anders te bemoedigen die het niet meer ziet zitten. We kunnen de gelegenheid om door God gebruikt te worden voorbij laten gaan, of we kunnen de levens van anderen beïnvloeden door van God te getuigen.

Pijn: een middel, geen excuus

Terwijl ik dit boek schreef, had ik het grote voorrecht om Louis Zamperini te ontmoeten, een veteraan uit de Tweede Wereldoorlog die tweeënhalf jaar als krijgsgevangene in een Japans concentratiekamp had doorgebracht. Inmiddels vierennegentig jaar oud, maakte hij de reis van zijn huis in Californië naar Charlotte in North Carolina, waar hij enthousiast bij de *Billy Graham Bibliotheek* verscheen. Een paar uur lang schudde hij mensen de hand en signeerde hij exemplaren van het boek *Unbroken*, zijn levensverhaal.[3] De dag daarna maakte hij de twee uur durende rit naar mijn huis, waar we samen lunchten. Het was jaren geleden dat we elkaar hadden gezien. Louis beantwoordde geduldig mijn vragen en ik vroeg hem of hij wilde vertellen hoe hij tot bekering was gekomen.

Nadat Louis in 1945 was gered en als oorlogsheld was onthaald, genoot hij voor korte tijd van zijn roem. Daarna brak er een moeilijke tijd aan. Naar de mens gesproken had hij alle reden om bitter en cynisch te zijn. Maar in 1949 haalde zijn vrouw hem over om onze campagne in Los Angeles bij te wonen, waar we zes weken aan één stuk evangelisatiebijeenkomsten hielden en het evangelie verkondigden. Toen Louis de tweede avond terugkwam, kneep hij er niet vroegtijdig tussenuit, zoals hij van plan was geweest, maar ging hij in op de uitnodiging om naar voren te komen. De Heilige Geest had zijn hart gegrepen, zei hij, en hij ging een gebedsruimte binnen waar hij zich bekeerde van zijn zonden en zijn leven volledig aan de Heer Jezus Christus gaf.

'Billy,' vertelde hij me tijdens onze ontmoeting, 'binnen enkele ogenblikken was mijn leven voorgoed veranderd. Sinds die avond heb ik nooit meer een nachtmerrie over mijn gevangenschap gehad. De Heer heeft me radicaal veranderd.'

Wat er na Louis' bekering in zijn leven is gebeurd, is een geweldig verhaal. Ik moest er enigszins op aandringen om alles te horen wat hij sindsdien had gedaan, maar hij gaf de Heer alle eer voor het feit dat Hij hem wilde gebruiken. En zelfs nu, op zijn vierennegentigste, gebruikte God hem nog. Louis was zo'n nachtbloeiende cereus waar Jones het over had. Hij dient nog altijd de Heer door de vrucht van zijn ervaring te investeren in de levens van anderen. Sommigen zijn zo oud als hij. Maar de meesten die zijn ongelooflijke verhaal te horen krijgen zijn kinderen, omdat het verslag van zijn gevangenneming en bevrijding onderdeel is van de geschiedenisles op school. Het getuigenis van Louis en het Woord van God vervult alle generaties met een geest van hoop, want de Bijbel zegt: '...in uw Woord stel ik mijn hoop' (Psalm 119:114).

Had iedereen maar de mogelijkheid om met iemand als Louis Zamperini te praten. Hij is een inspirerend voorbeeld. Natuurlijk heeft niet iedereen een verhaal als Louis, en dat is maar goed ook. Toen Louis vastzat als krijgsgevangene, betwijfelde hij of hij ooit de pensioengerechtigde leeftijd zou halen. Als gevolg van onmenselijke behandeling en ondervoeding ervoer hij wat ouderen ook ervaren: zijn lichaam begon af te takelen. De meesten van ons zullen dat niet hebben meegemaakt toen we achtentwintig waren.

Wie last heeft van pijnen en kwalen, moet maar eens denken aan Louis en anderen die net als hij ondraaglijk hebben geleden toen ze ons land dienden. Denk aan de apostelen en andere christenen van het eerste uur, die werden verbrand of onthoofd vanwege hun trouw aan Jezus Christus. Denk ook aan de Heer Jezus, die kwam om onze schuld en schande op zich te nemen, zodat wij verlost zouden worden van de banden van zonde. Probeer net als zij een manier te vinden om je ongemakkelijke situatie te gebruiken om anderen op Hem te wijzen. Wat een voorrecht dat we elkaar mogen herinneren aan onze vele zegeningen en aan de zekerheid dat de Heer Jezus ons zal troosten in elke situatie die we hebben te doorstaan. Sommigen van ons moeten misschien op bed blijven of zijn gebonden aan een rolstoel, maar we hebben nog steeds iets belangrijks te doen.

Dit boek is niet groot genoeg voor alle verhalen die ik heb ontvangen van mensen die onze bediening, soms al zestig jaar, ruimhartig hebben gesteund. Ik heb zo veel van hen geleerd, als ik denk aan hun toewijding om voor het werk van de Heer te bidden. Een jongedame vertelde dat haar invalide grootmoeder tot aan haar dood voor ons campagneteam had gebeden. Ze had onze namen in haar Bijbel geschreven. Daar word je stil van. En alert. Want er valt heel wat te leren van deze trouwe heilige. God verhoede dat we ooit zouden stoppen met bidden, het heerlijkste werk van onze ziel.

PENSIONERING: DE TWEE WEGEN

Voor hen die gepensioneerd en nog in goede gezondheid zijn, is er volop gelegenheid om te dienen. De Heer wil ons zijn plannen duidelijk maken. Dat we met pensioen zijn, betekent nog niet dat ons werk erop zit. Door ons pensioen kunnen we juist meer tijd besteden aan Gods werk, het dienen van anderen in de naam van de Heer.

Ik ken allerlei mensen die om allerlei redenen met pensioen zijn gegaan. Eén van hen is mijn vriend Mel Cheatham, één van de meest gerespecteerde neurochirurgen ter wereld. Zijn privépraktijk was één van de drukstbezochte in Californië en daarnaast bekleedde hij een prestigieuze positie als klinisch professor neurochirurgie aan de universiteit van Californië in Los Angeles. Hij werd zeer gewaardeerd door zijn collega's, ontwikkelde nieuwe procedures voor operaties, schreef veel voor allerlei medische vakbladen en was gekozen tot hoofd van de beroepsvereniging van zijn specialisme. Maar toen, op het hoogtepunt van zijn carrière, zei hij zijn werk vaarwel en ging hij met vervroegd pensioen.

'In de ogen van de meeste van mijn collega's ben ik volledig gepensioneerd,' vertelde hij me een aantal jaren nadat hij zijn functies had neergelegd, 'maar in werkelijkheid ben ik drukker dan ooit. Wat ze niet begrijpen, is dat ik alleen met pensioen ging omdat God me riep om mijn kennis op een andere manier in te zetten. En dat heb ik gedaan. Het zijn de meest geweldige jaren van mijn leven.' Hij reist de hele wereld over om ziekenhuizen en klinieken in ontwikkelingslanden advies te geven, zodat ze beter tegemoet kunnen komen aan de medische behoeften van hun volk. Ook schrijft hij regelmatig artikelen, waarin hij artsen en ander medisch personeel oproept hun diensten onbetaald aan te bieden aan minderbedeelden, met zijn eigen ervaringen als voorbeeld. Hij werkt veel voor *Samaritan's Purse*, de christelijke hulpverleningsorganisatie die door mijn zoon Franklin wordt geleid.

Een heel ander verhaal is dat van een man waar ik een aantal jaren geleden van hoorde. Hij was een slimme zakenman met een indrukwekkende staat van dienst, en de vijftig al gepasseerd, toen hij bedrijfsleider werd van een groot, maar noodlijdend bedrijf. Binnen enkele jaren had hij de zaak weer op de rails. Niet alleen werd er weer winst gemaakt, hij had het bedrijf ook weten uit te breiden naar een aantal andere landen. De verhalen van zijn succes verschenen regelmatig in vakbladen en diverse zakenpartners en overheidsinstanties wilden graag zijn advies over economische ontwikkelingen. Zoals gebruikelijk bij zijn bedrijf, ging hij met pensioen toen hij achtenzestig was. Hij bleef nog korte tijd aan als adviseur van de nieuwe bedrijfsleider, maar verder bemoeide hij zich niet meer met de zaak.

'Ik was totaal onvoorbereid op mijn pensioen,' gaf hij later toe. 'Ik was te druk om me bezig te houden met hobby's, behalve dan af en toe een partijtje golf, dat trouwens altijd met het werk te maken had. Het bedrijf was mijn leven, maar nadat ik mijn kantoor voor de laatste keer had verlaten, belden ze me niet eens meer op. We verhuisden en ik hield me een jaar of wat bezig met het bouwen van ons droomhuis. Maar toen dat klaar was, had ik geen idee wat ik moest doen. Nu ga ik bijna elke dag golfen. Niet omdat ik er zo gek op ben, maar omdat ik niet weet wat ik anders moet doen. Mijn vrouw zegt dat ik depressief ben, maar ze begrijpt niet hoe nutteloos ik me voel. Ik vind het niets om gepensioneerd te zijn.'

Misschien ben je geen bekwame neurochirurg of belangrijke bedrijfsleider. Daar zijn er niet zoveel van. Maar het contrast tussen deze twee individuen leert ons een heel belangrijke les als het om onze pensioenjaren gaat: de beste tijd om je erop voor te bereiden is voordat ze beginnen. Los daarvan is er een nog veel grotere les: wie we ook zijn, ons pensioen biedt ons twee mogelijkheden. Of we gebruiken de tijd om ons uit te leven, of we gebruiken hem om andere levens positief te beïnvloeden. Met andere woorden, de keus waar we voor staan is tussen leeg vermaak en zinvolle activiteit.

Kijk eens naar de gepensioneerde zakenman die ik hierboven beschreef. Ik weet bijna zeker dat minstens tien sociale instellingen in zijn omgeving gebruik zouden kunnen maken van zijn zakelijke inzichten om effectiever te worden. Ze zouden het geweldig hebben gevonden als hij hen als vrijwilliger had bijgestaan – maar hij deed het niet.

HET DOEL BEPALEN

Betekent dit dan dat het verkeerd is om te ontspannen en van het leven te genieten wanneer we gepensioneerd zijn? Nee, helemaal niet. Dat zou hetzelfde zijn als zeggen dat God nooit wil dat we genieten van de goede dingen die Hij ons geeft – en dat is niet zo. De schrijver van Prediker zei: 'Wanneer een mens lang leeft, laat hij dan van elke dag genieten…' (Prediker 11:8). De apostel Paulus herhaalde de opdracht van het Oude Testament dat kinderen eerbied voor hun ouders moeten hebben '…opdat het je goed gaat en je lang leeft op de aarde' (Efeziërs 6:3, HSV). God weet dat we rust, beweging en ontspanning nodig hebben. Na een afmattende periode van bediening drong Jezus er bij zijn discipelen op aan om met Hem mee te gaan '…naar een eenzame plaats om alleen te zijn en een tijdje uit te rusten' (Marcus 6:31).

Maar als dit alles is wat we doen – als de enige doelen van ons pensioen zijn van het leven genieten en het zo leuk mogelijk hebben – dan zou het goed kunnen dat we in de valkuil van lege, zinloze activiteit zijn terechtgekomen. Sterker nog, we zijn één van de kernwaarden van de Bijbel vergeten: elke dag – zonder uitzondering – is een geschenk van God, ons toevertrouwd om te gebruiken tot eer van God. Dat geldt voor je werkzame leven en het geldt evengoed voor je leven als gepensioneerde.

De sleutel vinden

Wat is dan de sleutel tot een geslaagd pensioen? Zie je pensioen als een geschenk van God. Het pensioen is niet iets wat gewoon gebeurt als je lang genoeg leeft. Het is zelfs geen beloning voor de jaren dat je hard gewerkt hebt. Het is een geschenk van God. Zodra je dit begrijpt, zul je heel anders tegen je pensioen aankijken.

God heeft ons deze jaren gegeven – hoe veel of weinig het

er ook zullen zijn – zodat we zijn wil kunnen doen. Deze waarschuwing van Paulus geldt voor elke gelovige: '...en dat Hij voor allen is gestorven opdat de levenden niet langer voor zichzelf zouden leven, maar voor Hem die voor de levenden is gestorven en is opgewekt' (2 Korintiërs 5:15). Maar anderzijds is Gods wil ook specifiek en persoonlijk. Zijn plan voor jouw pensioen is niet hetzelfde als dat voor iemand anders. Vergeet niet dat Hij alles van je weet. Hij weet wat je kunt en wat je niet kunt. Hij kent je talenten en vaardigheden, die immers door Hem gegeven zijn. Hij weet ook welke gelegenheden je hebt om Hem te dienen. Bovendien kent Hij je behoeften en beperkingen in deze levensfase en wil Hij je helpen daarmee om te gaan.

Dit zijn dus de vragen waar we allemaal mee te maken krijgen: zoeken we Gods plan voor onze pensioentijd? Of dolen we doelloos rond, in de veronderstelling dat we geen nut meer hebben, en proberen we de rest van onze dagen zo veel mogelijk plezier uit het leven te persen? Natuurlijk kan zijn plan voor ons veranderen, naarmate de tijd verstrijkt en onze omstandigheden veranderen. Maar waar we ons ook bevinden op de levensweg, het moet altijd ons doel zijn voortdurend Gods richting voor de verdere reis te zoeken. Onthoud dat zijn weg altijd en altijd de beste is.

Misschien denk je erover om met pensioen te gaan, misschien ben je al een aantal jaren met pensioen. Maar hoe je situatie ook is, zoek Gods wil voor je toekomst. Bid ervoor, vraag anderen om raad, zoek naar leiding in het Woord van God en vertrouw erop dat Hij je leidt. Zijn wil voor je pensioentijd zal misschien niet veel anders zijn dan je zelf dacht – of Hij leidt je juist een nieuwe en onverwachte kant op. Wat het ook wordt, maak Gods wil je eerste prioriteit voor je pensioenjaren. Dan zul je op je leven terugkijken en met koning David kunnen zeggen: 'Een lieflijk land is voor mij uitgemeten, ik ben verrukt van wat mij is toebedeeld' (Psalm 16:6).

Het onverwachte doorstaan

Heb je wel eens gehoord van het gezegde 'als er een deur dichtgaat, gaat er een andere open'? Daar zit veel waarheid in. De *Billy Graham Evangelistic Association* heeft een pastoraal programma dat Rapid Response Team (team voor noodsituaties) heet. Hoewel we altijd al samenwerkten met christelijke hulpverleners over de hele wereld, ontstond er in de nasleep van 11 september een extra grote behoefte hieraan. Mijn zoon Franklin was naar New York gevlogen om te kijken op welke manier *Samaritan's Purse* kon helpen. Hij constateerde dat er het meest behoefte was aan zielzorgers, pastoraal werkers. Mensen die door de vernietigende aanval totaal verslagen waren, dwaalden over de straten waartussen kort daarvoor de Twin Towers nog hadden gestaan. Sommigen liepen te huilen of staarden verdwaasd naar de hemel. Anderen sjokten doelloos rond, met een bord in hun handen waarop de namen en afbeeldingen stonden van geliefden en vrienden die ze nog niet hadden gevonden. Allemaal hadden ze één ding gemeen: ze leken verdwaald te zijn.

Het was niet gemakkelijk om bij Ground Zero in de buurt te komen, maar Franklin begon voorgangers en bijbelschoolstudenten op te bellen met de vraag of ze wilden komen om geestelijke hulp te bieden. Er was een overweldigende opkomst van mensen die voor dit werk de juiste vaardigheden en bewogenheid hadden. Franklin kreeg hierdoor het idee om hele groepen zielzorgers te verzamelen en te trainen die, in zeer korte tijd, naar een rampgebied in eigen land of elders in de wereld gestuurd konden worden. Vandaag de dag zijn veel van dit soort vrijwilligers gepensioneerden – mannen en vrouwen die naar mensen in nood willen uitreiken, de Bijbel willen openen en willen vertellen dat er nog steeds hoop is, door Jezus Christus, zelfs in tijden van wanhoop. Er zijn zielen gered en gelovigen bemoedigd, doordat ze samen met deze hulpverleners hebben gebeden en troost uit de hemel hebben ontvangen.

Een man die zijn hele leven in de bouw had gewerkt, zei: 'Ik dacht dat mijn leven voorbij was toen ik vanwege rugproblemen moest stoppen met werken. Ik had nooit durven dromen dat God me zou gebruiken om mensen te helpen met grotere problemen dan ik, gewoon door met en voor hen te bidden. Wanneer ik door de puinhoop loop die een alles verwoestende tornado heeft achtergelaten, moet ik terugdenken aan de tijd dat ik een bouwplaats op orde bracht. Nu kan ik mensen helpen hun gedachten op orde te brengen door hun inzicht te geven in het Woord van God. Ik heb in mijn leven nog nooit zo veel voldoening ervaren.'

Vrijwilligerswerk is de afgelopen decennia heel populair geworden. Sommige bedrijven verlangen zelfs van hun werknemers dat ze zich een bepaald aantal uren per jaar inzetten voor een vrijwilligersorganisatie. Het is natuurlijk nog beter wanneer iemand dit doet uit verlangen om mensen te helpen, en niet omdat het verplicht is.

Samaritan's Purse speelt hierop in door mogelijkheden voor vrijwilligerswerk te bieden voor mensen met allerlei achtergronden. Er zijn ontroerende verhalen van artsen die hun winstgevende praktijk achterlaten om in een derde wereldland een aantal weken een zendingsdokter te helpen. Via *Operation Christmas Child* zetten elk jaar vele duizenden vrijwilligers zich in om gevulde schoenendozen naar kinderen te versturen. Een gepensioneerd echtpaar besloot om de maanden november en december in een loods in North Carolina te gaan werken, waar de dozen werden klaargemaakt voor transport naar het buitenland. Ze kwamen helemaal uit het noorden en sliepen elke nacht in hun camper, zodat ze de volgende dag weer aan het werk konden. 'Zo lang God ons hiertoe in staat stelt, willen we onze dagen op deze manier gebruiken. We ontvangen ontelbare zegeningen.'

Andere gepensioneerden gebruiken hun tijd om de Bijbel meer te gaan bestuderen. Een oudere dame had deelgenomen aan een bijbelstudie in *The Cove* en zei: 'Ik had altijd het gevoel dat ik niet genoeg wist om met anderen over de Heer te praten. Maar toen ik mensen ontmoette die dat gevoel ook hadden en ik bemoediging ontving uit het Woord, kreeg ik de moed om anderen te onderwijzen. Als ik niet met pensioen was geweest, had ik dat nooit gedaan.'

Ik wil je aanmoedigen om te bidden en de Heer te vragen wat je mag doen om je tijd en talenten in te zetten. Raak betrokken bij je kerk en andere organisaties die de mensen op Christus wijzen. Dat zal je verder brengen en uitdagen om zelf vaster te geloven. Let eens op de woorden van Petrus, tegen het einde van zijn leven: '...maar groei in de genade en in de kennis van onze Heer en redder Jezus Christus...' (2 Petrus 3:18). Als je dat doet, help je anderen hetzelfde te doen.

Wat je ook doet, blijf lichamelijk en geestelijk actief. Geef luiheid of verveling geen kans om in je ziel wortel te schieten. De duivel vindt het geweldig als mensen lui of verveeld zijn. Hij weet dat ze dan eerder in verleiding komen of ontmoedigd raken dan wanneer ze met zinnige dingen bezig zijn. Onthoud de bijbelse waarschuwing: '...geef de duivel geen kans' (Efeziërs 4:27).

Als je weinig keus hebt

Wellicht zeg je: 'Wat je voorstelt, werkt misschien voor andere mensen, maar ik zie er geen kans toe. Ik ben al blij als ik mijn eigen problemen de baas kan en het wordt er echt niet beter op.' We weten nooit wat de toekomst brengt, maar God wel. Daarom spoorde Jezus ons ook aan om ons niet te laten verlammen door angst voor de toekomst, maar ons leven in Gods handen te leggen: 'Wie van jullie kan door zich zorgen te maken ook maar één el aan zijn levensduur toevoegen?...Zoek liever eerst het koninkrijk van God en zijn gerechtigheid, dan zullen al die andere dingen je erbij gegeven worden' (Matteüs 6:27, 33).

Ik denk vaak aan mijn schoonvader, dr. L. Nelson Bell. Vijfentwintig jaar lang dienden hij en zijn vrouw Virginia als medische zendelingen het Chinese volk. (Mijn vrouw Ruth is daar geboren en opgegroeid.) Hij was één van de actiefste mensen die ik ooit heb ontmoet – en ook één van de meest toegewijde. Wat ik van dokter Bell niet snel zal vergeten, was de manier waarop hij voor zijn vrouw zorgde, nadat ze een aantal slopende beroertes had gekregen. Ze zat in een rolstoel en had bijna voortdurend verzorging nodig. Het was logisch geweest als dokter Bell haar naar een verpleeghuis zou hebben overgebracht, maar dat weigerde hij. In plaats daarvan legde hij bijna al zijn externe taken neer en wijdde hij zich toe aan de zorg voor zijn geliefde Virginia. Wanneer iemand hem vroeg waarom hij dat deed, zei hij simpelweg: 'Nu is dit mijn roeping.'

Op een dag kun je misschien niet meer alles doen wat je vroeger deed of wat je zou willen doen. Maar in plaats van je schuldig, gefrustreerd of boos te voelen, kun je ook God danken voor de dingen die je wel kunt doen – en je erop toeleggen om die dingen zo trouw en goed mogelijk te doen. Wijd je tijd – en alles wat je bent – toe aan Jezus Christus en streef ernaar om zijn wil te doen, wat er ook op je pad komt.

Bijna thuis en hoopvol

Dit is het principe dat Jezus aan Petrus uitlegde, kort voor Hij naar de hemel ging. De dialoog tussen Petrus en zijn Heer is één van de meest rechtstreekse, en tegelijk tedere gesprekken in de evangeliën. Jezus vroeg aan Petrus: '...heb je Mij lief?' Petrus antwoordde: 'Ja, Heer, U weet dat ik van U houd.' Jezus zei tegen hem: 'Weid mijn lammeren... Waarachtig, Ik verzeker je: toen je jong was deed je zelf je gordel om en ging je waarheen je wilde, maar wanneer je oud wordt zal een ander je handen grijpen, je je gordel omdoen en je brengen waar je niet naartoe wilt' (Johannes 21:15-18).

Jezus voorspelde met deze woorden Petrus' dood, die zo'n veertig jaar later zou plaatsvinden. Petrus dacht daaraan toen hij schreef: 'Maar het lijkt me goed u wakker te houden door het telkens opnieuw onder uw aandacht te brengen zolang ik in deze tent verblijf. Ik weet dat mijn tent binnenkort zal worden afgebroken – dat heeft onze Heer Jezus Christus mij te kennen gegeven – en ik doe er mijn uiterste best voor dat u zich dit alles ook na mijn heengaan steeds weer voor de geest zult kunnen halen' (2 Petrus 1:13-15).

In het aangezicht van een onbarmhartige dood deed deze oude en trouwe volgeling van Jezus wat Christus van hem vroeg: hij zorgde voor anderen. Terwijl Petrus zich voorbereidde op het einde van zijn aardse leven, bleef hij anderen onverminderd wijzen op dingen die ze tot lang na zijn dood moesten onthouden. Wat waren dat voor dingen? Dat had Petrus hen net verteld: 'Span daarom al uw krachten in om uw geloof te verrijken met deugdzaamheid, uw deugdzaamheid met kennis, uw kennis met zelfbeheersing, uw zelfbeheersing met volharding, uw volharding met vroomheid, uw vroomheid met liefde voor uw broeders en zusters, en uw liefde voor uw broeders en zusters met liefde voor allen. Als u deze eigenschappen in overvloed bezit, is uw kennis van onze Heer Jezus Christus niet nutteloos maar vruchtbaar' (2 Petrus 1:5-8).

Petrus wentelde zichzelf niet in zelfmedelijden, maar dompelde zichzelf onder in de kennis van onze Heer Jezus Christus, een term die in de zeven korte hoofdstukken van 1 en 2 Petrus vele malen terugkomt.

Misschien ben je een nog actieve senior. Of misschien heb je allerlei kwalen en moet je op bed blijven. In beide gevallen kun je een productieve dienaar van Jezus Christus zijn, door je gedachten te vullen met de kennis van Jezus Christus en, net als Petrus, te delen van deze hoop naar de mensen om je heen: 'Maar wij vertrouwen op Gods belofte en zien uit naar een nieuwe hemel... geliefde broeders en zusters,... groei in de genade en in de kennis van onze Heer en redder Jezus Christus' (2 Petrus 3:13,14,18).

4.

De gouden jaren

Luister, ik ben oud, iedere dag kan voor mij de laatste zijn.
GENESIS 27:2

Bereid je voor op de gouden jaren. Misschien maak je ze mee.
AUTEUR ONBEKEND

De uitdrukking 'gouden jaren' moet van jongeren afkomstig zijn. Het valt te betwijfelen of iemand van boven de zeventig deze levensfase met een dergelijk symbolisch woord zou beschrijven. Misschien dat een meelevende ziel zo goed is geweest om een g voor het woordje oud te zetten, om de harde werkelijkheid te verzachten. Tenslotte denk je bij goud aan allerlei geweldige, zij het ongrijpbare zaken. 'Investeer in goud' is een reclamekreet die je tegenwoordig vaak op televisie ziet. De 'gouden regel' wordt door velen gepropageerd, maar door weinigen in praktijk gebracht, terwijl zij die hem werkelijk demonstreren, ook geloven in 'zwijgen is goud.'

Dus waarom worden de gouden jaren aan ouderen toegeschreven? Misschien omdat echtparen die het geluk hebben om hun gouden jubileum (vijftigjarig huwelijk) te kunnen vieren, meestal ouder zijn dan zeventig jaar. Ik weet nog dat Ruth en ik in 1993 ons gouden jubileum vierden. Ze was best trots dat ze de trouwjurk die ze als jonge bruid had gemaakt nog aan kon. Ik was gewoon trots dat ik nog steeds naast haar kon staan.

In de Bijbel wordt goud voor het eerst genoemd in de beschrijving van het gebied rondom Eden (zie Genesis 2:11-12). Geen enkel ander metaal komt in het Woord vaker voor dan goud en God zegt: '...het goud is voor mij' (Haggai 2:8). Hoewel het een grote waarde had, werd het in ruime mate gebruikt: van bekers tot kronen, van schilden tot klokken, van vaten tot scepters, van altaren tot tronen, van scharnieren tot straten. De Bijbel spreekt van uitgelezen goud, kostbaar goud, fijn goud, gouddraden, gouden gewichten, gouden talenten, puur goud, goudstof, gouden cherubs en zelfs gouden muizen (zie 1 Samuël 6). Maar goud werd niet alleen voor heilige doeleinden gebruikt. Mensen smolten het kostbare metaal ook tot afgoden, goden naar hun eigen idee. Ze waren zo onverstandig om aan goud meer waarde toe te kennen dan aan God.

Aan deugden als wijsheid, kennis, reputatie en geloof wordt in het Woord een grotere waarde toegekend dan aan goud:

Ik, Wijsheid, ik woon bij Beraad,
door overpeinzing vind ik kennis...
Bij mij vind je beraad en overleg,
ik heb inzicht, ik heb kracht...
wie mij zoekt, zal mij vinden.
Rijkdom en eer zijn mijn bezit,

duurzame weelde en gerechtigheid.
Wat ik je geef is kostbaarder dan het zuiverste goud,
ik bied iets dat meer is dan het fijnste zilver.
Spreuken 8:12,14,17-19

Hier zien we dat de Heer een grotere waarde hecht aan deugden als wijsheid, kennis, een goede naam en geloof. Het zijn slechts enkele van de vele eigenschappen van God en Hij wil ze geven aan hen die voor Hem leven. '...alles wat je ooit zou kunnen wensen valt bij wijsheid in het niet' (Spreuken 8:11). In Spreuken 16:16 lezen we dat je beter wijsheid kunt verwerven dan goud! 'Goud en edelstenen zijn er genoeg, maar wijze woorden zijn een zeldzaamheid' (Spreuken 20:15).

Een goede naam is te verkiezen boven grote rijkdom,
waardering boven zilver en goud.
Een arme en een rijke hebben dit gemeen:
de Heer heeft hen beiden gemaakt.
Spreuken 22:1-2

Geloof is kostbaarder dan goud.
Zie 1 Petrus 1:7

Je voorbereiden op de toekomst

Je vraagt je misschien af wat dit alles te maken heeft met je voorbereiding op je oude dag. De dingen die we belangrijk vinden, terwijl we in de kracht van ons leven zijn, zullen ons in latere jaren achtervolgen. Als we zo wijs zijn om het geloof in Jezus Christus belangrijk te vinden, zal dat ons sterken wanneer we ouder worden. Als we ons gezin koesteren door het geven van liefde en begrip, is de kans groot dat we blijvend van elkaars gezelschap kunnen genieten. Wanneer we de gouden regel in praktijk brengen, door anderen lief te hebben als onszelf, eren we God.

Kort voor de economische neergang in 2008, kondigde een succesvolle zakenman aan dat zijn aandelenwinst enkele miljoenen dollars bedroeg. 'Het is fantastisch om mijn droom werkelijkheid te zien worden,' zei hij. Enige tijd daarna werd bekend dat zijn vrouw hem had verlaten. Zijn tienerzoon was in de gevangenis terechtgekomen, omdat hij zijn royale zakgeld had gebruikt om alcohol en drugs te kopen. Mensen investeren vaak heel verstandig als het om zaken gaat, maar ze vergeten om tijd en energie te investeren in hun belangrijkste bezit: hun partner en hun kinderen.

Dit geldt zeker niet voor iedereen die een succesvolle carrière heeft, maar het voorbeeld kan gezien worden als waarschuwing. In elke levensfase zijn er veel dingen om over na te denken. We proberen onze jonge mensen te leren om zich op hun toekomst voor te bereiden door hun best te doen op school en kansen te benutten. We willen ze een goede basis geven voor hun volwassen leven. Ouders werken hard, zodat hun kinderen kunnen studeren. Echtparen proberen hun geld goed te beleggen met het oog op hun pensioen. Zelfs ouderen betreden nieuwe paden om zich op latere jaren voor te bereiden, want de gouden regels voor de gouden tijd zijn de afgelopen jaren drastisch gewijzigd.

Vanwege de kelderende aandelenmarkt is de waarde van ieders appeltje voor de dorst voor een groot deel geslonken. Zij die op het punt stonden om met pensioen te gaan, moesten opnieuw de betrouwbaarheid van hun pensioen beoordelen. In veel gevallen moesten ze snel maatregelen nemen. Hoe dan ook, er gaat een hoop geld om in pensioen- en overlijdensregelingen. Er is veel wijsheid nodig om op een verantwoorde manier met voorspelbare feiten om te gaan.

In Genesis 27 zien we hoe Isaak, Israëls aartsvader, zich voorbereidt op zijn dood. Hij denkt dat het einde nadert en dus wil hij het grootste deel van zijn bezit, zoals gebruikelijk, aan zijn oudste zoon Esau geven. Helaas wordt zijn plan door twee dingen gedwarsboomd: de sluwheid van zijn vrouw en zijn andere zoon Jakob, en het falen van zijn zintuigen. Onbedoeld zegent hij Jakob, waardoor de rechtmatige erfgenaam niets erft. Wat ik zo intrigerend vind aan dit gedeelte is dat Isaak alleen moeite doet om anderen, namelijk zijn twee zonen, voor te bereiden op zijn dood. Eén van de vele lessen die je uit dit bijbelverhaal kunt halen, is dat Isaak te oud is om er op toe te zien dat zijn laatste wensen geëerbiedigd worden. En dit geeft opschudding in de familie.

Hoewel niemand graag lang bij de dood stilstaat of zich erop voorbereidt, besteedt de Bijbel er ruim aandacht aan. Kortgeleden werd er in een populair radioprogramma een arts geïnterviewd over de mate waarin mensen zich voorbereiden op de dood en de financiële gevolgen hiervan. Ze deed een verrassende uitspraak: 'We zijn niet gemaakt om de dood te ervaren. De dood is lelijk.' Ik wilde dat ik haar kon wijzen op het Woord dat zegt: 'De dood is opgeslokt en overwonnen' (1 Korintiërs 15:54).

In de Bijbel vinden we bijna duizend plaatsen waar over de dood en sterven wordt gesproken. En toch blijft de Bijbel een boek van grote hoop. Het leven staat overeind tussen twee boekensteunen: geboorte en dood. Afgezien van de opname van de gemeente zal iedereen die geboren is ook een keer sterven. Niet iedereen zal oud worden, maar sterven moeten we allemaal. De gelovigen putten hoop en troost uit Gods Woord, dat zegt: '…Gelukkig zijn zij die vanaf nu in verbondenheid met de Heer sterven…' (Openbaring 14:13).

Bij de geboorte van een kind kunnen de ouders niets doen om het voor te bereiden op het fysieke leven, want de levensadem stroomt er al door. Waar ze het kind op moeten voorbereiden zijn de ervaringen van het leven: de teleurstellingen en de vreugde, de nederlagen en de overwinningen, de dood en het eeuwige leven. Dat is toch wat elke christelijke ouder wil: dat zijn of haar kind de cyclus van het leven begrijpt en de hoop zal kennen van het leven na de dood.

Als boerenjongen raakte ik al heel jong vertrouwd met die cyclus. Ook als er een dier op de boerderij doodging, kon je daar iets van leren. Hoeveel belangrijker is de menselijke ziel? Tegenwoordig proberen veel ouders hun kinderen af te schermen van alles wat hun verdriet kan doen. Dat kan de ontwikkeling van een kind belemmeren en zelfs tot trauma's leiden. Wanneer deze eens zo beschermde kinderen volwassen zijn, kunnen ze niet omgaan met het onvermijdelijke, omdat ze er nooit aan zijn blootgesteld. Vorig jaar overleed mijn golden retriever Sam en ik moest denken aan hoe mijn kinderen een begrafenis hielden wanneer één van hun huisdieren was doodgegaan. Het was ontroerend om te zien hoe respectvol ze omgingen met de dood, al ging het 'maar' om hun geliefde huisdier.

Het leven is onzeker. We weten niet wat de toekomst in petto heeft. De Bijbel waarschuwt ons: 'U weet niet eens hoe uw leven er morgen uitziet. U bent immers maar damp, die heel even verschijnt en dan al verdwijnt… Als iemand weet hoe het hoort maar er niet naar handelt, dan zondigt hij' (Jakobus 4:14,17). Aangezien de dood een onvermijdelijke realiteit is, zouden we ons allemaal zo goed mogelijk moeten voorbereiden op de laatste jaren van ons leven. Dit zijn serieuze zaken. Ik vind het niet bepaald grappig als mensen luchthartig omgaan met zoiets ernstigs als de dood, maar ik heb wel bewondering voor hen die een zwaarmoedig hart kunnen verlichten en een twinkeling teweeg kunnen brengen in betraande ogen, ten tijde van verdriet.

Van een gezin dat onze organisatie steunt, hoorden we het verhaal over hun oudste zus, die een slechte gezondheid had. Ze had geen man of kinderen, dus tijdens haar laatste dagen werd ze liefdevol verzorgd door haar broers en zussen. Op een bepaald moment had ze er mee ingestemd om met hen naar een begrafenisondernemer te gaan. De man toonde haar een aantal mogelijke uitvaarten en vroeg: 'Welke heeft uw voorkeur?' De broers en zussen keken haar aan en één van hen vroeg: 'Welke zou je willen?' Met een effen gezicht zei de zus: 'Verras me maar als het zover is!' Daarmee was de bijeenkomst ten einde. Ze gingen naar huis met een tevreden gevoel en een afgeronde planning.

Hoe anders liep het bij een advocaat die niet leefde naar zijn eigen maatstaf. Hij overleed onverwachts aan een hartaanval toen hij voor in de zeventig was. Tientallen jaren hadden de mensen in zijn omgeving op zijn juridisch advies vertrouwd: overdracht van eigendommen, geschillen tussen buren, familieconflicten, testamenten en erfenissen – het hele scala aan juridische zaken waar men iemand als hij doorgaans voor inschakelt. Zijn cliënten hadden vertrouwen in hem. Niet alleen vanwege zijn kennis van de wet, maar ook om zijn praktische inzichten en wijsheid. Zelfs toen hij zijn praktijk verkleinde en een jongere partner aanstelde om de zaak over te nemen, kwam men nog steeds bij hem om raad te vragen. Er kwamen honderden mensen naar zijn begrafenis en de familie werd overstelpt met kaarten en brieven van mensen die hij in al die jaren had geholpen. In de plaatselijke krant verscheen een artikel waarin zijn bijdrage aan de gemeenschap werd geprezen en zijn heengaan werd betreurd.

Kort na de begrafenis deed de familie echter een onplezierige – en zelfs schokkende – ontdekking: hij was er nooit aan toegekomen zijn eigen nalatenschap goed te regelen. Ook had hij niemand in zijn familie op de hoogte gebracht van zijn financiële zaken. Ze wisten niet welke eigendommen en waardepapieren hij bezat, zelfs niet of hij een kluisje bij de bank had. Hoewel hij nu en dan de wens had geuit om een deel van zijn erfenis na te laten aan de kerk en aan een aantal plaatselijke liefdadigheidsinstellingen, en hij ook een zus wilde helpen die weduwe was geworden, werden uiteindelijk geen van deze mondelinge wensen vervuld. Het kostte maanden werk (en veel geld) om zijn zaken uit te zoeken. En het had allemaal voorkomen kunnen worden als hij had gedaan wat hij talloze anderen jarenlang had geadviseerd: een gedetailleerd testament opstellen. Niemand weet waarom hij er nooit aan toegekomen is of waarom hij zijn familie onkundig heeft gelaten over zijn financiën. Misschien kon hij – zoals zo veel mensen – niet goed aanvaarden dat hij ouder werd en op een dag zou sterven.

Of het nu gaat om het opstellen van een testament of om

één van de vele andere praktische zaken, als we ouder worden komen we voor een aantal uitdagingen te staan. En als we deze noodzakelijke maatregelen niet nemen, zullen anderen het doen – met mogelijk vervelende gevolgen voor hen die we achterlaten. Het is onze plicht om de verantwoording te dragen voor zaken die nog lang na onze dood met ons verband houden.

Natuurlijk kan niet alles van tevoren besloten worden. Sommige praktische zaken kunnen pas geregeld worden op het moment zelf. Niemand kan bijvoorbeeld voorzien of een partner een heup breekt, of dat spaartegoeden zullen krimpen, omdat de aandelenmarkt inzakt. En nog moeilijker is het om je nauwkeurig op deze situaties voor te bereiden. Maar sommige dingen kun je vooraf regelen en wanneer dat zo is, moet je ook actie ondernemen. God wil niet dat we een erfenis van wrok, ruzie of verwarring achterlaten. Dat kan echter gemakkelijk gebeuren als we geen aandacht besteden aan de praktische zaken die zich aandienen naarmate we ouder worden. Onthoud dat '...wie verstandig is, let op elke stap' (Spreuken 14:15) en dat alles moet gebeuren op gepaste wijze en in goede orde (zie 1 Korintiërs 14:40).

Hoe ouder we worden, hoe moeilijker het wordt om gevoelige kwesties en belangrijke beslissingen het hoofd te bieden. Misschien zijn ze in die levensfase te zwaar of te ingewikkeld voor ons om op te lossen. Of misschien gaan we liever de eventuele conflicten en spanningen met anderen uit de weg. We kunnen zwaarmoedig worden over het onvermijdelijke voortschrijden van de tijd, of zelfs gaan twijfelen aan ons vermogen om goede beslissingen te nemen, nu we ouder worden. Daarbovenop kunnen we nog dermate in beslag genomen worden door de onverwachte ziekte of dood van een partner, of door een andere crisis, dat we ons niet op andere dingen kunnen richten. Volgens doktoren worstelen veel ouderen ook met depressiviteit en één van de kenmerken daarvan is een onvermogen om beslissingen te nemen. Als je door een zware tijd heengaat en beslissingen moet nemen, raad ik je aan om professionele hulp te zoeken. Ik hoop dat je door het lezen van deze paragraaf wordt bemoedigd om toch aan het roer te blijven – zowel voor jezelf als voor hen die je liefhebt.

Je geld beheren

Er zijn maar weinig ouderen die zich geen zorgen maken over hun geld en of het genoeg is voor de rest van hun leven. Zelfs mensen die geen reden hebben om zich zorgen te maken, doen het toch.

Onze maatschappij hecht te veel waarde aan geld. Daardoor wordt de indruk gewekt dat iemand pas echt succes heeft in het leven, als hij op financieel gebied veel heeft bereikt. Maar dat is een bedrieglijke graadmeter. We moeten oppassen dat we niet in de val trappen van de gedachte dat geld alles is. Jezus waarschuwde: 'Geen enkele knecht kan twee heren dienen: hij zal de eerste haten en de tweede liefhebben, of hij zal juist toegewijd zijn aan de ene en de andere verachten. Jullie kunnen niet God dienen én de mammon' (Lucas 16:13). Later gaf Paulus zijn beschermeling Timoteüs deze raad mee: 'Wie rijk wil worden, staat bloot aan verleiding, raakt in een valstrik en valt ten prooi aan dwaze en schadelijke begeerten die een mens in het verderf storten en ten onder doen gaan. Want de wortel van alle kwaad is geldzucht…' (1 Timoteüs 6:9-10).

Betekent dit dat het verkeerd is om aan geld te denken of om ons financieel zorgvuldig op onze latere jaren voor te bereiden? Nee, natuurlijk niet. Let er alleen op dat geld je dienaar is en niet je meester. Word je door geld beheerst, of beheer jij het geld? Hoe gering of hoe groot je financiële middelen ook zijn, God heeft ze jou gegeven en Hij wil dat je ze beheert als een trouwe rentmeester. Zie je geld als een door God gegeven verantwoordelijkheid, niet als iets dat je vrijelijk kunt gebruiken (of misbruiken).

Dit uitgangspunt is vooral belangrijk als we beginnen aan onze pensioenjaren, omdat ons inkomen dan waarschijnlijk lager (en zelfs veel lager) zal zijn dan voorheen. 'We vonden het nooit nodig om een budget op te stellen,' zei iemand. 'Mijn vrouw en ik hadden allebei een goede baan en we hadden altijd genoeg geld om praktisch alles te doen wat we wilden. Maar ineens besef ik dat dit niet meer zo is. Voor het eerst in mijn leven moet ik elke cent omdraaien. Ik zou willen dat ik dat eerder had gedaan.'

Een gepensioneerde schreef: 'Eén van de problemen van gepensioneerd zijn is dat je meer tijd hebt om te lezen over de problemen van het gepensioneerd zijn.' Hoewel dit een grappige gedachte is, klopt hij wel. Maar in plaats van over de problemen te lezen, zouden we de juiste maatregelen moeten nemen om ze op te lossen.

Als we denken aan onze seniorentijd en aan geld, welke richtlijnen moeten we dan volgen? Welke problemen moeten we overdenken en welke beslissingen moeten we nemen voordat ze een probleem worden? Er zijn drie richtlijnen die ik je wil aanreiken.

Maak een realistische planning voor je pensioen

Er zijn talloze websites en andere bronnen die je kunnen helpen uitrekenen hoeveel je moet sparen om een comfortabel pensioen te kunnen genieten. Maar veel te veel mensen doen dit nooit, en uiteindelijk leggen ze ook maar heel weinig opzij. Soms is het niet mogelijk om voor je oude dag te sparen. Denk bijvoorbeeld aan alleenstaande ouders en werkloze mensen die gewoonweg niets opzij kunnen leggen.

Maar degenen die wel kunnen sparen, hebben discipline nodig. Maak maximaal gebruik van de pensioenregelingen van je bedrijf (als ze die hebben) en spreek dit geld alleen in uiterste nood aan. Veel bedrijven bieden ook de mogelijkheid om een deel van het salaris automatisch op een spaarrekening te laten storten. Soms is dit zelfs gekoppeld aan een pensioenplan. Het kan verstandig zijn om dit soort premies automatisch te betalen, voordat je het geld aan iets anders kunt uitgeven. In de Bijbel vinden we een prachtig voorbeeld van een mier die ijverig voedsel verzamelt voor de toekomst. Het is een praktische en belangrijke les:

Ga naar de mieren, luiaard,
kijk hoe ze werken en word wijs...
[Ze] halen... in de zomer voedsel binnen,
leggen... in de oogsttijd een voorraad aan.
Spreuken 6:6,8

Men zegt, en ik geloof het helemaal, dat een goed pensioen staat of valt met planning. Dat geldt trouwens voor alles waar je succes in wilt hebben. Planning dus, vergezeld van gebed. De Bijbel leert ons om overal voor te bidden, dus bid dat God je leven geheel en al zal besturen. Wanneer we dat doen, laten we zien dat we van Hem afhankelijk zijn.

Valkuilen

Eén van de meest voorkomende financiële verstrikkingen waar sommigen in terechtkomen wanneer ze ouder worden, is wat we de 'schuldenval' kunnen noemen. De verleiding om hoge schulden te maken voor dingen die we ons niet kunnen veroorloven (en waarschijnlijk ook niet nodig hebben) ligt in elke levensfase op de loer. Maar ze is vooral desastreus voor senioren, die geen salaris meer hebben waarmee ze de schuld kunnen terugbetalen. Helaas leidt deze schuldenval bij sommige ouderen tot faillissement.

Geef geen cadeaus die je je niet kunt veroorloven. Dit gebeurt vaak wanneer grootouders proberen de genegenheid van hun kinderen of kleinkinderen te kopen, door ze te overladen met te dure geschenken. Het klinkt misschien hard, maar sommige ouders gebruiken geld bijna als een wapen. Ze proberen hun kinderen ermee te beheersen of hopen er een brug mee te kunnen slaan, nadat een kind zich van hen heeft afgekeerd. Ze zijn de wijze woorden van de Bijbel vergeten: 'Heb elkaar vóór alles innig lief, want liefde bedekt tal van zonden' (1 Petrus 4:8).

Bescherm jezelf tegen onverstandige financiële beslissingen, zeker naarmate je ouder wordt. Er zijn veel betrouwbare financiële adviseurs, maar sommige richten zich speciaal op oudere mensen die soms het slachtoffer worden van prachtige beloften en verleidelijke presentaties. Geloof niet alles wat je hoort en neem geen belangrijke financiële beslissingen zonder advies in te winnen bij deskundige mensen die je vertrouwt.

Denk aan deze oude wijsheid: als iets te mooi is om waar te zijn, dan is het dat waarschijnlijk ook.

Hoewel het verstandig is om goed na te denken over de besteding van je middelen, moeten je financiën ook weer geen obsessie voor je worden. 'Het enige waar mijn tante aan denkt is haar geld en haar angst dat ze berooid achterblijft,' hoorde ik een man eens zeggen. 'Ik mag van haar niet eens een paar kapotte lampen vervangen, omdat ze bang is dat ze de energierekening niet kan betalen. Ik weet dat ze meer dan genoeg heeft om van te leven, maar ze weigert dat te geloven. Ze is een gevangene van haar angsten.' Zorg dat je grip hebt op je financiën door een verstandig budget op te stellen en je daaraan te houden. Op die manier word je geen slaaf van schulden, slachtoffer van bloedzuigers of gevangene van angst.

Juridische zaken goed regelen

Het is van het grootste belang om een geldig testament te hebben. Sommige mensen ontlopen deze klus, omdat ze bang zijn voor de kosten. Anderen hebben het idee dat ze niet genoeg bezitten om een testament te laten opmaken. Weer anderen maken zich zorgen over de conflicten die door een testament in de familie zouden kunnen ontstaan.

Maak denk eens aan wat er kan gebeuren als je deze wereld zou verlaten zonder een testament achter te laten. De gevolgen voor je familie kunnen funest zijn. De wet is niet overal hetzelfde, maar in bepaalde gevallen ligt het lot van de eigendommen van iemand die zonder testament overlijdt in de handen van de rechtbank of de staat, en niet in die van de familie. Het resultaat is daardoor vaak heel anders dan de overledene zou hebben gewild. Afgezien daarvan kan de afwezigheid van een testament leiden tot gekibbel en conflicten onder familieleden die menen recht te hebben op bepaalde zaken uit de erfenis. ‘Onze moeder had een aantal mooie spullen,’ schreef een vrouw me onlangs, ‘maar na haar dood werd er pijnlijk geruzied over wie wat zou krijgen. Ik weet dat ze geschrokken zou zijn van de manier waarop sommige familieleden zich gedroegen. Waarom zijn mensen zo hebberig? Het meeste was niet eens veel waard.’ In haar brief had ze vermeld dat haar moeder zonder testament was overleden.

Maar het besluit om een testament te laten opmaken is nog maar de eerste stap. Belangrijker is de vraag hoe je je bezittingen wilt verdelen – met andere woorden, wie zal er van je testament profiteren? Daarnaast zullen er ook andere vragen beantwoord moeten worden, zoals wie de executeur van de nalatenschap zal zijn en of er een deel van de erfenis in bewaring wordt gehouden, in plaats van het rechtstreeks aan een erfgenaam te geven.

Maar hoe eenvoudig of ingewikkeld iemands erfenis ook mag zijn, ieder testament moet weloverwogen, zorgvuldig – en met gebed – voorbereid worden. God is net zo geïnteresseerd in wat je beslist dat er ná je dood met je bezittingen moet gebeuren, als in wat je er nú mee doet. Zie je ze als alleen van jou, om voor jezelf te gebruiken op elke manier die jij wenst, of besef je dat God ze aan je heeft toevertrouwd en dat ze voor zijn glorie gebruikt moeten worden? Een man die altijd trouw een tiende van zijn inkomen weggaf aan de kerk en aan andere christelijke organisaties vertelde zijn familie dat hij met zijn erfenis hetzelfde wilde doen. En hij had dit ook in zijn testament gezet. Een testament helpt de wensen van de overledene te verduidelijken. Koning David bad: 'Wat ben ik, en wat is mijn volk, dat wij in staat zijn gebleken zo veel kostbaarheden af te staan? Alles is van U afkomstig, en wat wij U schenken komt uit uw hand' (1 Kronieken 29:14).

Ziek zijn en afzien van behandeling

De meeste mensen weten wel wat een testament is. Het is een juridisch document waarin precies omschreven staat wat iemand wil dat er gebeurt, nadat hij of zij overlijdt. Als gevolg van de enorme veranderingen in het gezondheidsstelsel van ons land, is er de laatste jaren een ander belangrijk document in opkomst geraakt dat patiënten bepaalde rechten geeft, de zogenaamde wilsverklaring. Die kan bestaan uit een behandelverbod of een verzoek tot euthanasie. Er wordt in beschreven wat iemand wil dat er gebeurt vóórdat hij of zij overlijdt – meer in het bijzonder, wat deze persoon wenst in geval van lichamelijke of verstandelijke invaliditeit of bij een grote medische ingreep. Deze wilsverklaringen zijn vooral belangrijk geworden door de vooruitgang van de medische wetenschap, waardoor iemand zelfs in moeilijke omstandigheden veel langer kan leven dan verwacht.

Er bestaan ook varianten van deze verklaringen, zoals een volmacht die iemand het recht geeft om in jouw plaats beslissingen te nemen, in het geval je zelf niet kunt functioneren. Je kunt een familielid of een ander vertrouwd persoon aanwijzen om voor jou medische beslissingen te nemen als je dat zelf niet meer kunt. Op dezelfde manier kun je iemand aanwijzen die voor jou financiële beslissingen neemt, wanneer je daar zelf niet meer toe in staat bent. Pas er altijd voor op dat je dit soort documenten niet onder druk tekent. Je zou ongewild iets kunnen veranderen aan je werkelijke wensen of iets terug kunnen draaien wat je eerder hebt ondertekend.

Dit zijn moeilijke, complexe en emotionele beslissingen. Mijn eigen overtuiging is dat wanneer de medici geen redelijke hoop op herstel meer hebben, extreme maatregelen de dood alleen maar kunstmatig op afstand houden. Het leven wordt niet werkelijk verlengd. Over dit soort dingen zou je zo veel mogelijk van te voren beslissingen moeten nemen, die je in een rechtsgeldig document moet vastleggen. Als er plotseling een medische ingreep nodig is, is het voor de patiënt meestal niet mogelijk zijn wensen zodanig kenbaar te maken dat de dokter of het ziekenhuis weten waar ze juridisch aan toe zijn. Veel ziekenhuizen hebben overigens voorbeeldformulieren op hun website staan om deze kwesties te regelen.

Waarom zou je de moeite nemen om een wilsverklaring op te stellen die pas in werking treedt wanneer je niet meer zelf kunt functioneren? De meest voor de hand liggende reden is dat je jezelf een langere en onwaardige lijdensweg kunt besparen, wanneer er in feite geen hoop op herstel meer bestaat. Maar een wilsverklaring is ook belangrijk om dezelfde reden als je testament belangrijk is: ten behoeve van je familie. Als familieleden van jou geen aanwijzingen krijgen, zullen ze zich gevangen voelen in een verwarrend en emotioneel web van moeilijke keuzes – en ze zullen het misschien niet allemaal eens zijn over de stappen die gezet moeten worden. De emotionele (en financiële) last die dit op de familie legt, kan aanzienlijk zijn – maar wat zwaarder telt, de werkelijke wensen van de patiënt worden in dit soort situaties genegeerd, omdat ze nooit op papier zijn gezet. Probeer jou en je familie een mogelijke nachtmerrie te besparen.

Christenen zouden niet te veel bezig moeten zijn met de dood. God heeft iedereen een overlevingsdrang gegeven. Maar we zouden ook niet voor de dood weg moeten kruipen of ons er tot de laatste ademtocht tegen moeten verzetten. Er kan zelfs een tijd komen wanneer de lasten en de pijn van het leven zozeer op ons drukken dat we de dood als vriend zullen verwelkomen, en dat is ook goed. Als we Christus kennen, weten we dat de hemel ons ware thuis is en kijken we (als de heiligen van weleer) '...reikhalzend uit naar een beter vaderland: het hemelse...' (Hebreeën 11:16).

Enkele woorden aan volwassen kinderen

Onthoud dat iedereen op een dag met ouderdom te maken krijgt. Ik weet nog dat ik me als jongvolwassene zorgen maakte over mijn ouder wordende ouders. Ik probeerde hun altijd het respect te geven dat ze verdienden en ik paste ervoor op hen niet te beledigen door te suggereren dat ze geen belangrijke beslissingen meer konden nemen over hun leven. Er is soms maar weinig verschil tussen het beschermen van je ouders' waardigheid en het zorgen voor hun welzijn.

Misschien zeggen sommigen: 'Ik geloof best dat die dingen belangrijk zijn, maar ik ben nog jong en voor mij lijkt dit allemaal nog ver weg.' Waarschijnlijk heb je gelijk. Maar je ouders kunnen zich er druk over maken hoe hun beslissingen niet alleen hen, maar ook jou beïnvloeden.

Sommige volwassen kinderen zijn bezorgd dat hun ouders deze stappen niet zetten. Ze brengen het onderwerp niet ter sprake, omdat ze bang zijn dat hun ouders hun bedoelingen verkeerd inschatten. Dat kan een probleem vormen. De relatie tussen ouders en hun volwassen kinderen kan moeilijk zijn. In de regel vinden volwassenen het niet fijn als hun ouders hun vertellen wat ze moeten doen – en vinden ouders het niet fijn als hun kinderen aan hen vertellen wat ze moeten doen. Maar als we weigeren de praktische problemen aan te pakken waar we mee te maken krijgen wanneer we ouder worden, of als we gewoon doen of ze niet bestaan, kunnen we rekenen op onrust en ruzie in de familie. Ik wil volwassen kinderen aanmoedigen om te overwegen de rollen om te draaien. Vraag je ouders om advies bij de voorbereidingen die jij wellicht moet treffen. Misschien breng je daarmee het gesprek op gang, want de kans is groot dat ze het moeilijk vinden om gevreesde onderwerpen aan te snijden. Soms moeten oudere mensen de dingen bekijken vanuit het gezichtspunt van hun kinderen – en deze aanpak is misschien net het zetje dat ze nodig hebben.

Alleen jij weet welke mechanismen er in je familie aan het werk zijn, maar ik wil je aanmoedigen om je niet terug te trekken. Je hulp is bij deze belangrijke zaken zeer gewenst. Vraag de Heer of Hij je wijze woorden wil geven en een goede timing voor dit soort gesprekken. De Heer eert zijn volk, dat alles doet in zijn naam, met respect, zachtmoedigheid en liefde. Neem ter harte wat de Bijbel ons leert: 'De wijsheid van boven daarentegen is vóór alles zuiver, en verder vredelievend, mild en meegaand; ze is rijk aan ontferming en brengt niets dan goede vruchten voort, ze is onpartijdig en oprecht' (Jakobus 3:17).

Enkele woorden aan ouders

Het is mijn gebed dat je, als het zover is, de verantwoordelijkheid op je neemt om de nodige zaken te regelen: een testament, een wilsverklaring en andere voorzorgsmaatregelen. Voor anderen is het namelijk een zware taak om dergelijke beslissingen voor een geliefde te moeten nemen. Wees proactief, zodat anderen niet reactief hoeven te zijn. De oudere generatie zou het voorbeeld moeten geven door belangrijke beslissingen te nemen zolang ze daartoe in staat is. Ooit zullen jouw kinderen voor dezelfde problemen staan als jij nu. Je kunt je kinderen tot zegen zijn door hun het goede voorbeeld van een solide planning te geven.

Ik herinner me dat ik geroerd was toen ik het testament van de overleden J.P. Morgan las. Hij staat bekend als de wellicht meest invloedrijke bankier uit de geschiedenis. Ik heb me vaak afgevraagd hoe zijn kinderen hebben gereageerd toen ze hun vaders testament lazen, na zijn dood in 1913. Ik hoop dat ze de kracht van zijn woorden voelden en erdoor gesterkt werden: 'Ik beveel mijn ziel in de handen van mijn Redder, in het volste vertrouwen dat Hij hem heeft verlost en gewassen in zijn kostbare bloed en hem smetteloos zal aanbieden voor de troon van mijn hemelse Vader. En ik vraag mijn kinderen met klem om, met alle gevaren van dien en tegen de prijs van elk persoonlijk offer, de gezegende leer van de volledige verzoening voor zonden te aanvaarden en te verdedigen. Alleen dankzij het eenmalige offer van het bloed van Jezus Christus.'[4]

Keuzes maken voor onszelf is niet gemakkelijk, maar ze overlaten aan iemand anders is riskant. Je 'huis' op orde hebben is één van de belangrijkste dingen die ouders voor hun kinderen kunnen doen. Geef hen de gemoedsrust dat jij gemoedsrust hebt, omdat je je zaken hebt geregeld die voortkomen uit je levenslange arbeid. Maar bovenal, laat hen weten hoe je positie is tegenover de Heer Jezus Christus, want dat zal je blijvende erfenis zijn.

BIJNA THUIS, MET EEN GOEDE PLANNING

Kunnen we met blijdschap in alle omstandigheden dankbaar zijn, of maken we onze laatste jaren op aarde ondraaglijk voor onszelf en onze dierbaren? Treffen we gehoorzaam de nodige voorzorgsmaatregelen, zodat anderen zullen weten dat we verantwoordelijke volgelingen van Christus waren? Bereiden we ons voor op de dood in de verzekering dat Jezus onze thuiskomst voorbereidt? En wanneer we onze bestemming bereiken, weten anderen dan waar we zijn?

Het boek Hebreeën heeft veel te zeggen over testamenten: 'Bij een testament is het noodzakelijk dat de dood van de erflater wordt vastgesteld. Een testament is immers pas geldig na overlijden, het heeft geen rechtskracht wanneer de erflater nog leeft' (Hebreeën 9:16-17). Jezus kwam onder de mensen wonen. Hij was het voorbeeld van hoe je moest leven – en hoe je moest sterven. Hij kwam om te sterven, opdat wij zouden leven. Hij werd ook opgewekt om de belofte te vervullen die Hij gedaan had: '...Ik ga heen om een plaats voor u gereed te maken' (Johannes 14:2, HSV). Daarom zegt de Bijbel ook: 'Kostbaar is in de ogen van de HEERE de dood van Zijn gunstelingen' (Psalm 116:15, HSV). Dat is een heerlijk testament. Misschien krijgen we in de resterende jaren van ons leven genoeg van onze omstandigheden, maar laten we in afwachting van de hereniging met onze Redder in gedachten houden wat *Gods wil* voor ons is: 'Verblijd u altijd... Dank God in alles. Want dit is *de wil van God* in Christus Jezus voor u' (1 Tessalonicenzen 5:16-18, HSV, cursivering toegevoegd).

5.

Minder sterk, maar onwankelbaar

Verstoot mij niet nu ik oud word,
verlaat mij niet nu mijn kracht bezwijkt.
PSALM 71:9

Ga je hindernissen niet uit de weg.
Je zult ontdekken dat ze niet half zo hoog zijn als je dacht.
NORMAN VINCENT PEALE

In 2010 verscheen op een Japanse website een artikel met de titel: 'Een robotpak dat ouderen superkracht geeft.' Op de bijbehorende foto stond een atletisch figuur die zo'n krachtpak droeg. Het bijschrift vermeldde dat het pak dertig kilo weegt en voorlopig een miljoen yen (ongeveer tienduizend euro) zal kosten. Ik vroeg me af: hoeveel mensen van mijn leeftijd zijn er sterk genoeg om een uur lang (laat staan de hele dag) dertig kilo te dragen? En wie zou zo'n pak kunnen betalen? Ik was opgelucht toen ik las dat men geen plannen had om het pak te exporteren. Ik ben al blij als ik elke morgen mijn schoenen aan kan trekken!

Ik moest het artikel goed bestuderen om te ontdekken hoe een pak van metaal en plastic kracht kon verlenen. Het geheim zat niet in het pak, maar in de acht elektromotoren en sensoren die opdrachten ontvingen via spraakherkenning. Op die manier kon het lichaam bukken of iets optillen zonder de spieren te overbelasten. Hoewel deze futuristische uitvinding misschien nooit in onze warenhuizen te zien zal zijn, toont het denkwerk dat erachter zit wel aan hoe graag de mens zijn kracht zou willen vergroten.

Een vijfenzestigjarige vader hielp zijn zoon met verhuizen. Toen de zoon dit aan zijn vrienden vertelde, zei hij: 'Mijn vader en ik probeerden de koelkast naar de keuken te krijgen. Ik ging naar de garage om een steekwagen te halen. Toen ik terugkwam, had mijn vader de koelkast al door het hele huis naar de keuken gebracht. Op de ouderwetse manier: met pure kracht! Mijn eerste reactie was hem eraan te herinneren dat hij door zijn rug had kunnen gaan of een spier had kunnen verrekken. Maar toen zag ik de schittering in zijn ogen. Hij was trots op zijn prestatie, en ik moet zeggen, ik was ook trots op hem. Oude mannenkracht, dacht ik. Ik realiseerde me dat ik een hoop kon leren van deze zilverharige man, die altijd zijn mannetje stond en pure volharding liet zien.'

De Bijbel zegt: 'De pracht van jonge mensen is hun kracht, de sier van oude mensen is hun grijze haar' (Spreuken 20:29). Jonge mensen nemen de kracht en wijsheid die ouderen nog bezitten vaak voor lief. En ouderen gaan soms verder dan verstandig is! Maar ik weet nog goed hoe ik als jonge man mijn vader zag: als iemand die heel sterk was. Hij was boer. Hij werkte met zijn handen. En toen hij ouder werd, kreeg ik steeds meer respect voor zijn kracht en zijn wijsheid.

Nu ik veel langer leef dan mijn vader, ben ik bij het ouder worden vooral verbaasd over het verlies aan kracht om zelfs de eenvoudigste dingen te doen: opstaan uit een stoel, langer dan een uur bezoek afleggen of ontvangen, of gewoon naar de dokter gaan. God kent onze zwakheden. Hij weet dat onze kracht met de jaren afneemt. Het verheugt Hem als we op Hem vertrouwen. In Kolossenzen 1:29 herinnert Paulus ons eraan dat hij vertrouwde op de kracht van Christus, die volop in hem werkzaam was. Daar kunnen ook wij een beroep op doen. Onthoud dat God weet dat ons lichaam niet voor eeuwig zal leven. En Hij weet precies hoe we ons voelen.

We zouden geen tijd moeten besteden met denken aan onszelf en hoe zwak we zijn. In plaats daarvan zouden we aan God moeten denken en aan hoe sterk Hij is. Net zoals de sensoren in het krachtpak reageren op stemgeluid en het pak als het ware voorzien van kracht, moeten wij reageren op Gods stem en zal Hij onze kracht zijn. De psalmist schreef: 'Bezwijkt mijn lichaam en mijn hart, dan is God de rots van mijn hart…' (Psalm 73:26, HSV). Vertrouwen we op Hem? Herkennen we zijn stem?

WANNEER GOD SPREEKT

Ik heb de stem van de Heer nog nooit met mijn oren gehoord, maar de Heer heeft in mijn leven al heel vaak tot me gesproken. Je vraagt je misschien af: *Hoe kan iemand zijn stem herkennen?* De Bijbel zegt: '…Iedereen die uit de waarheid is, geeft aan Mijn stem gehoor' (Johannes 18:37, HSV). Om de stem van de Heer te herkennen, moeten we van Hem zijn.

Een grootmoeder en haar kleindochter gingen op een dag samen winkelen en telkens wanneer de mobiele telefoon van het jonge meisje afging, noemde ze bij het opnemen direct de naam van de beller. Na een aantal telefoontjes stond de grootmoeder zo perplex dat ze vroeg: 'Lieverd, hoe komt het toch dat je de naam van die personen weet voordat ze zelfs maar konden spreken?' De kleindochter giechelde, sloeg een arm om haar oma heen en zei: 'Dat is nieuwe techniek, oma. Nummerweergave.' Toen ze uitlegde hoe het werkte, zei haar grootmoeder: 'Het is toch wat! In mijn tijd hadden we die techniek helemaal niet nodig. Mijn buurman was degene die vertelde wie er belde. We deelden met z'n allen één telefoonlijn.' Toen de kleindochter dit hoorde, was het haar beurt om perplex te staan.

Ruth hoefde nooit haar naam te noemen als ze me belde tijdens één van mijn vele wereldreizen. Wanneer ik de telefoon opnam en haar hoorde spreken, herkende ik de stem van mijn vrouw. Ook dat was jaren voordat mobieltjes en nummerweergave bestonden. Ik hoefde mijn kinderen ook nooit te vragen hun naam te noemen als ze opbelden. Ik kon gemakkelijk de stemmen onderscheiden van mijn dochters Gigi, Anne en Bunny, en van mijn twee zoons Franklin en Ned. De stemmen van mijn zussen Catherine en Jean en mijn broer Melvin herkende ik uit duizenden. Ik herinner me de keren dat ik de telefoon opnam en de lieve stem van mijn moeder hoorde. Ik hoefde nooit te vragen wie er belde. We herkennen de stemmen van hen die ons lief zijn en waar we mee omgaan.

Op dezelfde manier zal onze geest de stem van de Heer Jezus herkennen, als we met Hem communiceren door gebed en overdenking van zijn Woord. Jezus zei: 'Mijn schapen luisteren naar mijn stem, Ik ken ze en zij volgen Mij' (Johannes 10:27). De Heer zou niet van ons verwachten dat we zijn stem horen, als Hij het niet mogelijk maakte. Hij laat zijn machtige stem klinken (zie Psalm 68:34) en zegt dat we Hem kunnen horen (Psalm 95:7): 'Ik zal hun een hart geven om Mij te kennen...' (Jeremia 24:7, HSV). En: '...Luister naar Mijn stem. Dan zal Ik u tot een God zijn...' (Jeremia 7:23, HSV).

De stem van de Heer bereikt ons op allerlei manieren: een stem vanuit het vuur (zie Deuteronomium 5:24), een stem van boven de wateren (Psalm 29:3), een stem uit de hemel (Matteüs 3:17), een stem uit een wolk (Matteüs 17:5), de stem uit Zijn mond (Handelingen 22:14, HSV), een stem van de majesteitelijke luister (2 Petrus 1:17) en een stem vanaf de troon (Openbaring 19:5).

Proberen we zijn stem op te vangen wanneer we met onze dagelijkse dingen bezig zijn? Soms spreekt Hij wel, maar horen we het niet. We kunnen de leeg rakende batterijen van ons gehoorapparaat niet de schuld geven. Gods stem is niet gebonden aan menselijke uitvindingen. God spreekt tot ons hart. Zijn stem wordt beschreven als vol van glorie (zie Psalm 29:4), als het gefluister van een zachte bries (1 Koningen 19:12) en als een majestueuze stem (Jesaja 30:30, HSV). De stem van de Heer wordt de stem van de levende God genoemd (Deuteronomium 5:26), en de stem van de Ontzagwekkende (Ezechiël 1:24).

Zijn stem is vol kracht (Psalm 29:4) en brengt de woestijn tot beven (Psalm 29:8). Zij ontbrandt in vurige vlammen (Psalm 29:7), zij dondert (Job 37:5) en klinkt als het geluid van geweldige watermassa's (Openbaring 1:15). En zijn stem roept tot de stad (Micha 6:9). Zijn stem moeten we gehoorzamen (Deuteronomium 13:4, HSV), we moeten gehoorzamen aan het woord dat Hij spreekt (Psalm 103:20).

De telecommunicatie heeft de wereld veranderd. Als ik vroeger in een vliegtuig stapte, wist mijn vrouw dat ze uren niets van me zou horen. Tegenwoordig zijn er maar weinig momenten waarop iemand geen verbinding heeft. Zelfs terwijl we in de lucht zijn, kunnen we telefoneren. We hoeven niet meer van de snelweg af te gaan om een telefooncel op te zoeken. Maar soms heb je slecht bereik. Het komt regelmatig voor dat je gesprek via je mobiel plotseling wegvalt of dat er tijdelijk geen verbinding is door een storing. Vaak hoor je mensen bijna in hun telefoon schreeuwen: 'Kun je me horen?' En dan klinkt het antwoord: 'Ik kan je verstaan. Versta je mij ook?' Het is soms grappig om te horen dat ook jongeren elkaar moeten vragen of ze hun woorden willen herhalen.

Maar er is niets grappigs aan een verstoorde communicatie met de Heer van ons leven. Wanneer dat gebeurt, kan ik je verzekeren dat wij de storing veroorzaken – niet Hij. Soms willen we niet horen wat Hij te zeggen heeft, omdat we al weten wat het Woord van God ons vertelt. De Bijbel staat vol verhalen over mannen en vrouwen die de stem van de Heer horen, maar deze in eerste instantie niet als zodanig herkennen. Dit overkwam de profeet Samuël. God riep hem bij zijn naam, telkens weer. Samuël dacht dat het iemand anders was. Maar de Heer hield vol, totdat Samuël zijn stem herkende (zie 1 Samuël 3:10).

Als God niet met ons wilde spreken, zou Hij de mens aan zijn lot overlaten. Maar Hij wil niet alleen *tot* ons spreken, Hij wil ook *van* ons horen. Hij verwacht een reactie. Jesaja 'hoorde… de stem van de Heer zeggen: "Wie zal Ik sturen?"' Jesaja antwoordde: 'Hier ben ik, stuur mij' (Jesaja 6:8). De christenvervolger Saulus hoorde de stem van de Heer zeggen: 'Saul, Saul, waarom vervolg je Mij?' In deze opmerkelijke woordenwisseling antwoordde Saul: 'Wie bent U, Heer? ...Wat wilt U dat ik doen zal?' (Handelingen 9:4-6, HSV). Deze dialoog was het begin van de grote bediening van de apostel Paulus.

Maar Gods stem komt niet altijd in de vorm van een vraag. Hij is een liefdevolle God, die zich bekommert om onze noden. Zijn stem brengt troost en geeft leiding. Gideon hoorde de Heer vrede over hem uitspreken (Rechters 6:23) en Habakuk hoorde Gods stem zeggen: '...de rechtvaardige zal door zijn geloof leven' (Habakuk 2:4, HSV).

Door de jaren heen hebben veel mensen tegen me gezegd dat ze geloven dat God door zijn Woord spreekt, maar ze geloven niet dat Hij werkelijk hun smekingen hoort. In de Bijbel wordt juist het tegendeel beweerd. Daarin staat dat de Heer het luide geween hoort (Psalm 6:9) van hen die Hem vrezen en eren. Hij zegt:

Huil niet langer, droog je tranen.
Je zorg voor hen wordt nu beloond...
Je hebt een hoopvolle toekomst,...
Jeremia 31:16-17

Als je je ooit eenzaam en zwak voelt, luister dan naar Gods troostende woorden: 'Hoor Mij aan' (Jesaja 28:23) en '...verhef je stem met kracht...' (Jesaja 40:9). Hij hoort je woorden (zie Deuteronomium 5:28) en luistert naar je gebed (zie Psalm 66:19). Ik hoop dat deze bijbelteksten je een hart onder de riem steken.

Op mijn leeftijd kan ik meevoelen met de meeste ouderen. Soms bevind ik me weer in die goede oude tijd, vooral wanneer ik onder vrienden ben waarmee ik zo veel heb meegemaakt. Hoewel ik niet in het verleden wil blijven hangen of mijn jeugd wil overdoen, verlang ik er soms naar om met mijn kinderen de heuvels in te trekken of om vanaf de kansel het evangelie te verkondigen. Maar het looprek, de rolstoel en de stok naast mijn bed herinneren mij eraan dat dat hoofdstuk afgesloten is. Dus dank ik God voor de herinneringen die mijn leven hebben verrijkt, maar zie ik ook uit naar nieuwe gelegenheden en ervaringen die een dimensie toevoegen aan het heden. Onze houding speelt een grote rol in de slotscène van het levenstoneel.

Wanneer de jeugd vervaagt

'Verjaardagen zijn goed voor je,' zei iemand eens. 'Volgens de statistieken leven mensen die er de meeste hebben het langst.' Iemand antwoordde: 'Eruit zien of je vijftig bent is prima – als je zestig bent!' Het is allemaal betrekkelijk. Kinderen vinden hun dertigjarige ouders oud, en hun opa en oma stokoud. Grootouders zien hun kinderen en kleinkinderen als eeuwig jong. Maar kinderen willen altijd zo snel mogelijk ouder worden. Vraag een kind maar eens hoe oud het is. Het antwoord eindigt altijd op 'en een half'. Een kind van tien kan niet wachten tot het twaalf is. De twaalfjarige wil een echte tiener zijn. De tiener wil oud genoeg zijn om te trouwen. Echtparen zien ernaar uit dat hun kinderen trouwen, zodat zij grootouders kunnen worden. Wanneer ze in de grootouderfase zijn beland, beginnen ze te klagen dat ze te oud zijn.

Onze maatschappij zit vol dwangmatige tegenstellingen: jonge mensen willen beloond worden met geweldige banen zonder eerst ervaring op te doen. Mensen van middelbare leeftijd scheppen op over hun prestaties in de sportschool, maar kunnen niet wachten op hun pensioen, omdat ze uit willen rusten. En ouderen willen drinken van de fontein van de jeugd. De waarheid is dat jonge mensen door het plotselinge succes beroofd worden van de reis. En juist op die reis verwerven ze kennis, verzamelen ze herinneringen en krijgen ze het gevoel iets bereikt te hebben, waardoor het leven voldoening geeft. En oudere mensen worden vaak misleid door wondermiddeltjes en crèmepjes die nieuwe schoonheid en kracht beloven. Juan Ponce de León, de Spaanse ontdekkingsreiziger die ooit samen reisde met Christoffel Columbus, ging op zoek naar een magische waterbron die men de fontein of de bron van de jeugd noemde. Volgens de geruchten zou je jong blijven als je ervan dronk. Ponce de León was vastberaden deze legendarische fontein te vinden. In plaats daarvan vond hij Florida, dat later Amerika's toevluchtsoord voor gepensioneerden zou worden. Hoeveel echtparen hebben niet hun bezittingen bij elkaar gepakt, hun wortels doorgesneden en huis en familie achtergelaten om zich te vestigen in een appartement bij een golfbaan in Florida – met een verzorgingstehuis aan de overkant!

Een plastisch chirurg in de 'sunshine state', zoals Florida wel genoemd wordt, gaf zijn praktijk de naam Fountain of Youth Institute. Volgens een recent verslag in het tijdschrift *Scientific American* is de fontein van de jeugd echter een mythe. Men schrijft: 'Het vooruitzicht om onsterfelijk te worden, had altijd al een grote aantrekkingskracht.' Het artikel bevat een onderzoeksrapport waarin deze waarschuwing staat: 'Geen van de uitvindingen die momenteel op de markt zijn, hebben bewezen het verouderingsproces van de mens te kunnen vertragen, tegenhouden of omkeren.'[5]

Ik moet denken aan een jonge tiener die naast zijn grootvader kwam zitten en zei: 'Opa, de rimpels op je gezicht beginnen het litteken waar je zo trots op bent te camoufleren!' De wijze grootvader glimlachte, klopte de jongen op zijn rug en zei: 'Jongen, littekens, rimpels en stramme botten kunnen een hoop verhalen vertellen.' Die middag leerde de kleinzoon uit welk hout zijn familie was gesneden. Een paar jaar later nam hij dienst in het leger. Toen ze hem vroegen waarom hij in het leger gegaan was, antwoordde hij: 'Ik wil mijn littekens en rimpels verdienen, net als mijn grootvader.'

Het wereldse idee van een fontein van de jeugd is een fata morgana. Alleen de Bijbel biedt een oase voor de ziel: 'De vreze des Heeren is een bron van leven…' (Spreuken 14:27, HSV). Om te kunnen begrijpen wat dit vers betekent, moeten we eerst weten wat 'vreze des Heeren' wil zeggen. Het is het tegenovergestelde van vrees voor Hem hebben. God zou zijn Zoon niet naar de aarde hebben gestuurd om met ons te communiceren, als Hij had gewild dat de mens bang zou zijn om tot Hem te naderen. Deze prachtige uitdrukking: de vreze des Heeren, die we overal in de Bijbel tegenkomen, moet ons juist helpen om eerbiedig ontzag te hebben voor God, Hem lief te hebben met ons hele wezen en ons in alles blijmoedig aan Hem toe te wijden: 'Heb daarom de Heer, uw God, lief met hart en ziel en met inzet van al uw krachten' (Deuteronomium 6:5). De apostel Johannes zei het zo: '…houd u ver van alles wat Gods plaats in uw hart zou kunnen innemen' (1 Johannes 5:21, HB).

Hier wordt een prachtig beeld geschetst van een bron waaruit zegeningen vloeien die leven brengen: '...want bij U is de bron van het leven, door úw licht zien wij licht' (Psalm 36:10); 'De uitspraken van een rechtvaardige zijn een bron van leven...' (Spreuken 10:11); 'De lessen van de wijze zijn een bron van leven...' (Spreuken 13:14); en 'Inzicht is een bron van leven...' (Spreuken 16:22). In het laatste boek van de Bijbel vat de Heer Jezus het allemaal samen: '...Ik ben de Alfa en de Omega, het Begin en het Einde. Wie dorst heeft geef Ik vrij te drinken uit de bron met water dat leven geeft. Wie overwint komen al deze dingen toe...' (Openbaring 21:6-7).

Vrienden, de bron van leven is echt. We kunnen kracht uit haar putten en vaststaan in ons besluit om als overwinnaars te leven, terwijl we uitzien naar de erfenis en het leven in de nabijheid van de Redder van onze ziel. Hoewel de ogen van de vermoeiden, overwerkten en ouderen flets worden, zal zijn licht in ons hart schijnen. Terwijl de lippen van oude mensen misschien niet meer spreken, zullen rechtvaardige daden nog steeds uit ons binnenste vloeien. Als het horen moeilijk wordt, kunnen onze diepste gedachten nog steeds met wijze raad vervuld worden. Hoewel velen wellicht het vermogen verliezen om beslissingen te nemen, zullen anderen van hun ervaring profiteren als ook zij nieuwe paden zullen betreden.

Enige tijd geleden ontmoette ik een kennis die ik al zeker vijfentwintig jaar niet had gezien. Toen we elkaar de hand drukten, schoot er door mijn hoofd: *Lieve help, hij is een oude man geworden!* (Hij dacht waarschijnlijk hetzelfde over mij.) De laatste keer dat ik hem zag, was hij lang en atletisch. Nu was hij krom en gerimpeld en enigszins bevend steunde hij met zijn volle gewicht op zijn stok. Hij was nog dezelfde persoon, maar de jaren hadden hun tol geëist.

Later besefte ik dat als we elkaar om de paar maanden hadden gezien, in plaats van maar één keer in vijfentwintig jaar, we waarschijnlijk geen verandering hadden opgemerkt. Ouder worden is doorgaans een langdurig en geleidelijk proces. We gaan 's avonds niet jong naar bed om de volgende dag plotseling oud wakker te worden. Net zoals het leven een reis is van vele stappen, zo is dat deel dat we gewoonlijk de gouden jaren noemen het ook. Maar uiteindelijk, als we lang genoeg leven, zal de ouderdom ons inhalen.

Misschien geven we dit niet graag toe. Misschien ontkennen we het zelfs en besteden we onze energie aan het op afstand houden van ouderdom. De cosmetische industrie en de plastische chirurgie beloven dat ze ons jeugdige uiterlijk in stand kunnen houden, als we maar gebruik maken van hun producten of diensten. Vitamineproducenten beweren dat hun artikelen het verouderingsproces kunnen vertragen, bewegingsgoeroes en medische experts wijzen op de voordelen van een gezonde levensstijl. Tot op zekere hoogte hebben ze gelijk. Als we goed op onze gezondheid letten, kunnen we wellicht het verouderingsproces vertragen en de ergste effecten ervan afwenden – ten minste, voor zolang als het duurt. Dat is niet per se verkeerd. God wil dat we ons lichaam verzorgen. De Bijbel zegt: '...bewijs God eer met uw lichaam' (1 Korintiërs 6:20).

Het lijkt erop dat sommige mensen sterkere genen hebben en langzamer oud worden dan anderen. Sommigen zijn oud als ze zestig zijn, anderen lijken de eeuwige jeugd te hebben. Terwijl ik dit dicteer, heeft mijn oude collega en vriend George Beverly Shea net zijn honderdtweede verjaardag gevierd. En hij is nog kras en bij de pinken. Een paar maanden geleden bracht hij enkele dagen door in de staatsgevangenis van Louisiana, één van de grootste van ons land, waar hij muziek maakte voor de gevangenen. Kort na zijn verjaardag reisde hij met zijn vrouw Karlene naar Hollywood, waar hij werd onderscheiden met een Lifetime Grammy Award voor zijn zangcarrière – de oudste persoon die ooit deze prestigieuze (en zeer verdiende) eer te beurt viel.

Slechts een paar dagen nadat Bev weer thuis was, nam hij samen met Cliff Barrows, mijn medestrijder vanaf het begin, deel aan de opnames voor een Bill Gaither Homecoming uitzending. Het openluchtconcert werd opgenomen bij de *Billy Graham Bibliotheek*, onder een enorm tentdak, met honderdveertig gospelmuzikanten op het podium. Tot diep in de nacht zongen Bill en Bev, achtentachtig en honderdtwee jaar oud, samen met de anderen de welbekende geloofsliederen. Toen Bill en Gloria Gaither mij de volgende dag kwamen bezoeken, vertelden ze hoe Cliff naar het midden van het podium was gelopen om het grote koor en de aanwezigen te leiden in het zingen van *Blessed Assurance* (in het Nederlands getiteld: Volle verzeek'ring). Anderen vertelden me dat Cliff zich, ondanks zijn stok, een bevlogen dirigent had getoond. Ik heb Cliff door de jaren heen honderden grote koren zien dirigeren, maar dáár had ik graag bij willen zijn.

Maar wie je ook bent, niets zal het voortschrijden van de ouderdom geheel kunnen tegenhouden. En of je het nu leuk vindt of niet: hoe langer je leeft, hoe meer je vertrouwd zult raken met haar lasten en handicaps. In plaats van de tand des tijds te ontkennen, kun je er veel beter aan toegeven en je erop voorbereiden – en hem, door Gods genade, zelfs verwelkomen als onderdeel van zijn plan met je leven.

WANNEER HET LEVEN LANGZAMER WORDT

Wanneer ik in één woord de veranderingen zou moeten samenvatten die ons overkomen als we ouder worden, zou ik waarschijnlijk het woord aftakeling moeten gebruiken. Het duidelijkst merkbaar is de achteruitgang in lichamelijke kracht en het vermogen om alles te doen wat we vroeger deden. Onze spieren worden geleidelijk aan stijver en verliezen hun kracht. We worden minder mobiel. Ons gehoor en ons gezichtsvermogen nemen af. We reageren langzamer. Ons uithoudingsvermogen wordt minder. Hoe graag ik ook zou willen dat het anders was, nu ik tweeënnegentig ben, kan ik niet meer alleen uit mijn stoel komen. Een aantal jaren geleden drongen mijn doktoren erop aan dat ik een looprek moest gaan gebruiken, om te voorkomen dat ik zou vallen als ik mijn evenwicht verloor. Het zou onverstandig zijn geweest als ik hun waarschuwing had genegeerd.

Hoe hoger de leeftijd, hoe lager het energieniveau. Alles lijkt langer te duren, zelfs het herstellen na een ziekte of een periode van inspanning. Iemand vroeg me eens wat ik de grootste verrassing vond van het ouder worden. Ik dacht even na en antwoordde: 'Het verlies aan kracht, de pure onmogelijkheid om door te gaan.' Als je je zwak voelt, zijn pijn en handicaps onwelkome gasten, die niet alleen weigeren om te vertrekken, maar ook dreigen hun intrek te nemen en de baas te spelen.

Een andere nieuwe realiteit in deze levensfase is het getuige zijn van ziekte of overlijden van vrienden en familieleden. Er gaat bijna geen week voorbij zonder dat ik te horen krijg dat iemand die ik kende ziek is geworden of is overleden. En dat zijn niet alleen ouderen. Het lijkt erop dat meer en meer jonge mensen ziektes krijgen die vroeger alleen ouderen kregen.

Veel jonge lichamen zijn getroffen door Parkinson en ik weet van veel ouders die hun volwassen kinderen weer in huis namen om voor hen te kunnen zorgen.

In sommige gevallen kunnen oudere mensen wat leren van jongeren die een dergelijke klap te verduren kregen. Ik moet denken aan een jongeman. Hij was in de kracht van zijn leven – dertig jaar oud – en had plannen voor een opwindende toekomst. Toen hij op de snelweg reed, moest hij langs de kant stoppen vanwege pijn op zijn borst. Toen de ergste pijn gezakt was, reed hij naar het ziekenhuis en binnen enkele dagen kreeg hij te horen dat er een kwaadaardige tumor om zijn hart heen was gegroeid. Gedurende de maanden van operaties en behandelingen verbaasde hij de doktoren van de universiteit van Michigan door zijn houding. Hij was een aantrekkelijke jongeman. Ondanks de slangetjes, naalden en zware medicijnen straalde hij altijd. Toen de artsen hem vroegen waar hij zijn kracht vandaan haalde, kon hij hun vertellen over Christus. Hoewel de doktoren hem weinig hoop gaven, probeerden ze hem te bemoedigen door te zeggen dat een wonder zijn leven zou kunnen redden. Hij keek ze aan en zei vol overtuiging: 'Dokters, ik kan alleen maar winnen. Als ik blijf leven, win ik, maar als ik sterf, win ik ook.' Niet lang daarna overleed hij in de volle verzekering dat hij met de Heer verenigd zou worden. Hij liet een getuigenis achter waar ze in het Michigan Medical Center nog steeds over praten. Dat is een les waar we allemaal iets van kunnen leren.

Ernstige ziektes eisen ongetwijfeld hun tol van ouderen. Net zoals ons lichaam ouder wordt en aftakelt, gebeurt dat ook met ons verstand. In werkelijkheid zijn die twee nauw met elkaar verbonden. Door het ouder worden, vinden er lichamelijke veranderingen plaats in onze hersenen, net als in de rest van ons lichaam. Hierdoor kan er van alles gebeuren, variërend van licht geheugenverlies tot dementie en Alzheimer.

Alzheimer is een wrede ziekte. Ik weet nog goed hoe verdrietig ik altijd was als ik een bezoek bracht aan wijlen president Reagan, nadat de ziekte zijn denken had aangetast. Hij kon zich vaak niet meer herinneren wie de mensen waren die bij hem kwamen en welke functie hij vroeger had bekleed. Ik ontmoette hem voor het laatst op het gazon van zijn huis in Bel Air, Californië, op uitnodiging van zijn vrouw Nancy. Nadat ik met haar had gepraat in hun woonkamer, vroeg ze of ik meneer Reagan nog even gedag wilde zeggen en dat wilde ik graag. We gingen naar buiten, waar de Californische zon heerlijk scheen. Een verpleegster hielp de voormalige president met zijn lunch. Toen we hem begroetten, leek het erop dat hij noch Nancy, noch mij opmerkte. Na een kort (en eenzijdig) gesprek vroeg Nancy aan mij of ik een gebed wilde uitspreken – iets wat ik altijd deed wanneer ik hem bezocht, of het nu in Washington was of in Californië. Na mijn gebed liep Nancy met me mee naar mijn auto en ik vroeg haar: 'Denk je dat hij wist wie ik was?' Ze antwoordde: 'Pas toen je ging bidden. Ik denk dat hij toen hoorde wie er voor hem bad.'

Dat soort verhalen hoor ik wel vaker. Onlangs vertelde een schrijfster hoe het was om haar vader te zien lijden aan de gevolgen van dementie. Hij had al maanden niets gezegd en ook haar naam niet genoemd. Maar kort voordat hij overleed, pakte ze zijn hand en bad ze het Onze Vader. Luid en duidelijk sprak hij elk woord met haar mee.

Het is waarschijnlijk één van de zwaarste lasten van het leven wanneer je hulpeloos moet toekijken hoe het geheugen van een dierbare onverbiddelijk achteruit gaat. Zij die deze last moeten dragen, hebben ons medeleven en gebed hard nodig.

Minder ernstig is het, wanneer je af en toe iets vergeet. Daar krijgen we allemaal last van als we ouder worden. Het bepaalt ons erbij dat we niet meer zo jong zijn als we ooit waren. We kunnen ons er hooguit voor schamen als het gebeurt. En vaak kunnen we er smakelijk om lachen. Een paar jaar geleden werd ik op een receptie geïntroduceerd door de gastheer, een man van ongeveer mijn leeftijd, die ik al jaren ken. Hij vertelde de toehoorders hoe we elkaar ooit hadden ontmoet via een gemeenschappelijke vriend die we allebei goed kenden. 'Hij heette,' wilde hij zeggen, 'heette... eh... het ligt op het puntje van mijn tong. Ik weet zijn naam net zo goed als de mijne. Hij heette... heette...' Geërgerd vroeg hij mij ten slotte: 'Billy, hoe heette hij nou toch?' Maar ik moest bekennen dat ik er ook niet op kon komen – en we barstten allebei in lachen uit vanwege ons tanende geheugen. Toen de naam ons een minuut later te binnen schoot, voelden we ons opgelucht.

Wanneer er gevaren dreigen

We herkennen onszelf in veel bijbelteksten, zoals deze:

U vaagt ons weg als slaap in de morgen,
als opschietend gras dat ontkiemt in de morgen en opschiet,
en 's avonds verwelkt en verdort.
Psalm 90:5-6

Ik heb ontdekt dat deze beschrijving maar al te realistisch is. Verwelkt en verdord is precies hoe elke oudere die ik ooit heb ontmoet zich zo nu en dan voelt. Met inbegrip van mezelf.

Hoewel de lichamelijke en verstandelijke gevolgen van het ouder worden duidelijk merkbaar zijn, beïnvloedt de ouderdom ons ook vaak op minder duidelijke manieren. En dan bedoel ik de emotionele en geestelijke reacties op het ouder worden, die ons gemakkelijk kunnen overvallen als we er niet alert op zijn. Juist omdat ze niet zo zichtbaar zijn als een gebroken heup of iets wat je vergeten bent, sluipen ze vaak je leven binnen zonder dat je er erg in hebt.

Wat zijn dan die dreigende gevaren? Eén daarvan is ongetwijfeld angst. Wanneer we te maken krijgen met onzekerheden als ziekte, toenemende invaliditeit, eenzaamheid of geldzorgen, is het normaal dat we ons zorgen maken over wat er met ons zal gebeuren. Maar soms worden we door zorgen overmand en worden we er zo door in beslag genomen dat we alleen nog maar kunnen denken aan de oorzaken ervan. In plaats van tijdelijk bezorgd te zijn, komen we in de greep van een chronische, hardnekkige angst en onrust.

Een ander verborgen gevaar houdt vaak verband met angst en onrust: depressiviteit. We kijken achterom en denken aan alle dingen die we in ons leven hebben gedaan. We kunnen dan ontmoedigd raken wanneer we beseffen dat we ze nooit meer zullen doen. Artsen zeggen dat depressiviteit één van de meest voorkomende (en meest ernstige) problemen is waar ouderen mee te maken hebben, al wordt dit vaak niet opgemerkt. Veelvoorkomende symptomen als moeheid, vergeetachtigheid en gevoelens van eenzaamheid worden vaak afgedaan als behorend bij het ouder worden, terwijl ze wel behandeld kunnen worden.

Een verborgen gevaar van een heel andere orde is boosheid.

Niemand raakt graag de controle kwijt in zijn leven. Het liefst zouden we allemaal onafhankelijk blijven op onze oude dag. Maar vaak kan dat niet en dat is niet gemakkelijk om te aanvaarden. 'Zo heb ik mijn moeder nog nooit meegemaakt,' zei iemand tegen mij. 'Ze was altijd zo vriendelijk, maar als ik nu haar kamer binnenkom, valt ze telkens naar me uit. Ik weet wat er aan de hand is: ze vindt het verschrikkelijk dat ze niet meer in haar eigen huis woont en dat ze afhankelijk is van anderen die voor haar zorgen, hoewel er echt geen andere keus was.' Talloze anderen kunnen hetzelfde verhaal vertellen. Soms is de boosheid niet alleen op andere mensen gericht, maar ook op God. 'Als God echt van me hield, had Hij dit niet laten gebeuren.' Een vriend verklaarde onlangs: 'Mensen schijnen ofwel beter, ofwel bitter te worden als ze ouder worden.' Helaas wint de bitterheid het vaak.

Er ligt nog een ander gevaar op de loer als we ouder worden: intense eenzaamheid en zelfs een gevoel van verlatenheid. 'Niemand geeft om wat er met me gebeurt,' zei een dame in een verpleeghuis eens tegen me. 'Mijn kinderen wonen in verschillende delen van het land en komen bijna nooit op bezoek. Vaak huil ik mezelf in slaap. Ik voel me zo alleen.' Ik had met haar te doen, al wist ik dat anderen bij haar in het tehuis in soortgelijke omstandigheden verkeerden.

Soms laten oudere mensen zich in hun eenzaamheid verleiden tot het nemen van onverstandige beslissingen, zoals trouwen met iemand die ze nauwelijks kennen. Of grote bedragen uitgeven aan dingen die ze niet nodig hebben, alleen omdat de verkoper zo aardig tegen hen deed. Jaren geleden had ik een tante in Orlando, Florida. Ze was nooit getrouwd, maar in de loop van haar leven had ze aardig wat grond in bezit gekregen.

We kwamen erachter dat ze in haar latere jaren bevriend was geraakt met een charmante man die op slinkse wijze haar vertrouwen had gewonnen. In de loop van de tijd had hij haar zo ver gekregen om een groot deel van haar grond te verkopen en hem toe te staan het geld voor haar te beleggen. Kort voordat ze overleed, ontdekte ze dat het meeste van haar geld was verdwenen. De man had gewoon misbruik van haar gemaakt – en van haar eenzaamheid.

Een laatste gevaar is dat we zo in beslag genomen worden door onze eigen problemen en zorgen dat we niet meer aan anderen kunnen denken. 'Er is niemand zo egoïstisch als iemand die ziek is,' vertelde een verpleegster me eens, nadat ze bij een bijzonder lastige patiënt was geweest. Ik ben bang dat ze in veel gevallen gelijk heeft. Soms moet ik mijn gedachten bewust afwenden van het probleem dat me op dat moment in beslag neemt en me richten op de noden van anderen. Job had hetzelfde probleem. Midden in zijn pijn en verdriet leek hij de geestelijke waarheden te zijn vergeten die hij vroeger gebruikte om anderen in hun problemen bij te staan. Eén van zijn vrienden riep hem vriendelijk tot de orde:

Velen stond je bij met raad en daad
en wie de moed ontzonk, heb je gesterkt.
Je woorden richtten hem die struikelde weer op,
aan knikkende knieën gaf je nieuwe kracht.
Maar nu word jij beproefd, en je verliest de moed,
nu treft jou het onheil, en je geeft het op.
Vertrouw je niet op je ontzag voor God,
geeft je onbesproken levenswandel je geen hoop?
JOB 4:3-6

GERICHT OP CHRISTUS

Hoe bescherm je jezelf tegen de gevaren die je je levenslust ontnemen? Door je elke dag te laten oprichten door de beloften uit Gods Woord, de Bijbel. Zoek Hem voortdurend in gebed, niet alleen in het vertrouwen dat Hij je hoort, maar in het besef dat Jezus zelfs op dit moment *voor jou* bidt. Richt je gedachten op Christus en houd contact met andere gelovigen die je kunnen bemoedigen en helpen. Het klopt wat de Bijbel zegt: '...dood noch leven, engelen noch machten noch krachten, heden noch toekomst,... wat er ook maar in de schepping is, zal ons kunnen scheiden van de liefde van God, die Hij ons gegeven heeft in Christus Jezus, onze Heer' (Romeinen 8:38-39).

In de weken voor haar sterven, herhaalde mijn vrouw Ruth in ons bijzijn deze verzen telkens weer. Ruth dacht altijd aan anderen. Dat was haar geheim om met blijdschap de moeilijkheden van het leven te dragen. Ze richtte zich nooit op haar eigen problemen, ze richtte zich op Christus. En Hij leidde haar altijd naar iemand die een bemoedigend woord of een luisterend oor nodig had.

Mijn zus Catherine bracht de laatste jaren van haar leven door in een verpleeghuis. Ze kon zich moeilijk verplaatsen en had een zwakke gezondheid. Maar ze kende alle bewoners en luisterde geduldig naar hun problemen. Als Christus leefde ze met hen mee en vaak kon ze van Hem getuigen. De Heer gebruikte haar, zelfs toen ze zelf zwak was.

Ik heb gehoord over een zesentachtigjarige dame die te kampen heeft met slopende ziektes, maar desondanks op zondag na de kerkdienst naar het verpleeghuis gaat om de ouderen te bezoeken. Ze leest hun voor uit het Woord en bidt met hen. Ze kijkt er elke week naar uit. Ze is gericht op anderen.

Een zesennegentigjarige grootmoeder heeft, zoals ze het zelf zegt, veel tijd om in haar eentje thuis door te brengen. 'Ik zit gewoon in mijn stoel en ga door mijn gebedslijst. Lieve help, er zijn zo veel mensen om voor te bidden dat het lijkt of ik tijd tekort kom.'

Een andere dame die al bijna honderd is, ziet ernaar uit om elke week mee te helpen met *Tafeltje-dek-je*, zodat 'de oudjes' een maaltijd krijgen. Ze is gericht op mensen.

De Heer zegent mensen die anderen zegenen en Hij geeft genade aan hen die zich richten op wat Hij belangrijk vindt.

Het leven is maar zelden gemakkelijk als je ouder wordt, maar de ouderdom kent wel speciale genoegens: het genoegen om tijd door te brengen met familie en vrienden, het genoegen om vrij te zijn van de verantwoordelijkheden die we ooit droegen, en het genoegen om van kleine dingen te genieten die we vroeger over het hoofd zagen. En als we leren om elke dag in zijn handen te leggen, kunnen de gouden jaren vooral een tijd zijn om dichter naar Christus toe te groeien. En dat is het grootste genoegen van het leven.

Bijna thuis in Gods kracht

Vertrouwen op de Heer Jezus leidt tot echte blijdschap. Hij is degene die ons kracht geeft als we zwak zijn, want in mijn zwakheid ben ik sterk (zie 2 Korintiërs 12:10). Hoewel het belangrijk is om ons huis op orde te hebben, mogen we niet vergeten Gods werk tot het middelpunt te maken van ons denken en handelen. Dit was in elk geval duidelijk de houding van de profeet Haggai, die toen hij ongeveer zeventig was het op één na kleinste boek van het Oude Testament schreef. Haggai werd na de Babylonische ballingschap door de Heer aangevuurd om de tempel in Jeruzalem te herbouwen. Op zijn beurt vuurde hij Gods volk aan met een berisping, omdat ze het huis van God in het thuisland zo hadden laten vervallen: 'Welke weg zijn jullie eigenlijk ingeslagen? …Jullie hebben veel verwacht, maar hoe weinig is het geworden… En waarom? …Omdat mijn huis nog altijd een ruïne is, terwijl ieder van jullie zich uitslooft voor zijn eigen huis' (Haggai 1:7-9).

Wat mij in dit twee hoofdstukken tellende boek aanvuurt, is de berisping van Haggai, in combinatie met zijn bemoediging. Haggai mobiliseerde Gods volk om Gods werk te doen, het herbouwen van zijn huis. Maar hij deed dit door hen hoop te geven: '…houd vol,… Ik ben bij jullie' (Haggai 2:4).

Misschien hebben we succes in het regelen van onze persoonlijke zaken, maar als we dat doen ten koste van belangrijker dingen – onze geestelijke zaken – dan missen we de blijdschap en het doel van het leven. De Bijbel zegt: 'Alleen een wijze heeft kracht, inzicht maakt hem sterker' (Spreuken 24:5). Kracht wordt gevonden in de wijsheid van God. En die is voor jong en oud beschikbaar.

Houd je je alleen bezig met wereldse zaken, zaken van een wereld die je gevangen houdt? Of plaats je Christus in het middelpunt van je leven, met de zekerheid dat je altijd bij Hem zult zijn – ook op die plaats waar hoop verandert in realiteit? Je kracht wordt misschien minder, maar Hij zal je oprichten en je helpen onwankelbaar te zijn, al ben je zwak. Wanneer je geloof zwakker wordt, vraag de Heer dan om je aan te vuren en je te herinneren aan alles wat Hij voor je heeft gedaan. Houd vol, want '…Ik zal steeds in jullie midden aanwezig zijn, wees dus niet bevreesd' (Haggai 2:5).

6.

De dood

De doden zullen de stem van Gods Zoon horen
en wie Hem horen, zullen leven.
JOHANNES 5:25

Nu ben ik nog in het land van de stervenden.
Spoedig zal ik in het land van de levenden zijn.
JOHN NEWTON

Op het internet stond een titel: 'De dood: doodsoorzaak nummer één van ons land.' De boodschap was duidelijk – de dood is onvermijdelijk!

Niemand kan de dood ontvluchten. Uiteindelijk haalt hij ons allemaal in. Toen ik in 2006 door *Newsweek* werd geïnterviewd en gevraagd werd iets te zeggen over de dood, vertelde ik dat ik mijn hele leven had geleerd hoe ik zou moeten sterven, maar dat niemand me ooit had geleerd hoe ik oud moest worden. Door die uitspraak kwamen er allerlei reacties los, waardoor ik erover na ging denken om dit boek te schrijven.

Ik ben beslist geen expert op het gebied van ouder worden, maar nu ik wat ervaring begin te krijgen, moet ik toegeven dat 'hoe ouder, hoe beter' niet voor alles opgaat. Ik heb nieuwe waardering – en begrip – gekregen voor deze tekst uit Prediker 12:

Gedenk daarom je Schepper in de dagen van je jeugd –
voordat de slechte dagen komen…
Voordat het zilverkoord wordt weggenomen…
Prediker 12:1,6

Geloof me, toen ik dit gedeelte als jonge evangelist las, had ik er een heel ander gevoel bij dan nu. Wat me nu zo aanspreekt, is het feit dat Salomo, de meest wijze koning die Israël ooit gehad heeft, wilde dat jonge mensen dit zouden lezen 'in de dagen van hun jeugd, *voordat* de slechte dagen komen' (cursivering toegevoegd).

Toen ik jong was, kon ik me niet voorstellen wat oud zijn was. Mijn moeder zei, wat de dokter ook bevestigde, dat ik abnormaal veel energie had. En dat bleef zo toen ik volwassen werd. Op middelbare leeftijd kreeg ik last van lichamelijke vermoeidheid, maar mijn hoofd was altijd actief. Na een moordend werkschema duurde het nooit lang voor ik weer op krachten was. Als ik er nu over nadenk, word ik er moe van. Hoe heb ik dat overvolle programma ooit bij kunnen houden? Op allerlei manieren bestreed ik het ouder worden. Ik hield mijn lichaam plichtsgetrouw in conditie en zorgde dat ik me niet over de kop werkte, toen ik begon te merken dat ik ouder werd. Dit was geen verandering waar ik naar uitzag. Ik begon langzaam te vrezen voor wat er ongetwijfeld in het verschiet lag.

Maar mijn vrouw Ruth was er zo één die iedereen kon opbeuren, vooral mij. Ik zal nooit vergeten dat ze aankondigde wat ze op haar grafsteen gegraveerd wilde hebben. Degenen die de laatste eer hebben bewezen bij haar graf bij de *Billy Graham Bibliotheek*, hebben kunnen zien dat haar wens tot de laatste letter is uitgevoerd.

Lang voor ze bedlegerig werd, reed ze over een snelweg waar op dat moment aan gewerkt werd. Nadat ze voorzichtig de omleiding had gevolgd, met om de paar kilometer een waarschuwingsbord, kwam ze bij het laatste bord, waarop stond: 'Einde werk in uitvoering. Bedankt voor uw geduld.' Toen ze thuiskwam, liep ze te grinniken en vertelde ze het gezin over dat bord. 'Als ik sterf,' zei ze, 'wil ik dat op mijn grafsteen hebben.' Ze deed er luchtig over, maar meende het wel. Ze schreef het zelfs op, zodat we het niet zouden vergeten. Hoewel we de humor ervan inzagen, hadden we ook waardering voor de waarheid die ze met die paar woorden overbracht. Ieder mens is een werk in uitvoering, van zijn prille begin tot aan zijn dood. Elk mensenleven bestaat uit fouten en lessen, wachten en groeien, geduld oefenen en doorzetten. Aan het einde van het 'werk in uitvoering' – bij de dood – is het proces voltooid.

U was het die mijn nieren vormde,…
Toen ik in het verborgene gemaakt werd,
kunstig geweven…,
…aan de dagen van mijn bestaan ontbrak er niet één.
Psalm 139:13, 15-16

De dood zegt: 'Dit is het einde van alles wat je kon bereiken.'

Hoewel we op dat moment niets meer aan onze ervaring kunnen toevoegen, hebben degenen die in Christus geloven de hoop dat hun Redder zal zeggen: 'Voortreffelijk, je bent een goede en betrouwbare dienaar' (Matteüs 25:21).

De apostel Paulus noemde de christenen 'geworteld en opgebouwd in Hem, en bevestigd in het geloof...' (Kolossenzen 2:7, HSV). Dit is een onderdeel van het nooit ophoudende werk in uitvoering in dit leven. Maar de Bijbel belooft ons dat '...wanneer onze aardse tent, het lichaam waarin wij wonen, wordt afgebroken, we van God een woning krijgen: een eeuwige, niet door mensenhanden gemaakte woning in de hemel' (2 Korintiërs 5:1). Toen Ruth gescheiden werd van haar door pijn getergde lichaam en het aardse werk in uitvoering ten einde was, vond ze blijvende vrede. Nu heeft ze een eeuwige woning.

In het westen van North Carolina loopt een stuk snelweg de bergen in waar al jaren aan gewerkt wordt. Het is een ruige streek. De wegenbouwers moeten door rotsen en dikke boomwortels heen breken om de weg naar boven te effenen. Soms worden voertuigen getroffen door vallend gesteente en is de weg tijdelijk gesloten. 's Nachts branden er waarschuwingslichten met 'Rijd voorzichtig' om het verkeer veilig door de bochtige heuvels te leiden. Wanneer mensen die boven op de berg wonen eindelijk het bord 'Einde werk in uitvoering' zien, weten ze dat ze bijna thuis zijn. Er zullen daar heel wat ouders zijn die zich zorgen maken over hun kinderen die over die weg moeten. Ze zullen opgelucht zijn als ze veilig hun bestemming hebben bereikt.

Het leven is soms net een reis over een verraderlijke weg. Er zijn gaten die ons doen stuiteren, omleidingen die ons uit de richting halen, en borden die ons waarschuwen voor gevaren. De bestemming van onze ziel en geest is voor God van het grootste belang. Daarom biedt Hij ons elke dag zijn leiding aan. Sommigen letten goed op Gods aanwijzingen, anderen besteden er geen aandacht aan en scheuren langs de waarschuwingssignalen. Maar uiteindelijk komt iedereen aan bij de laatste bestemming: de dood. Daar wordt de ziel gescheiden van het lichaam.

Zelfs aan het kruis leerde Jezus ons nog dat de dood een doorgang was voor de geest om in de nabijheid van God te komen (zie Lucas 23:46). De psalmist verklaarde: 'Maar God zal mijn ziel verlossen uit de greep van het graf…' (Psalm 49:16, HSV). Heb jij je ziel toevertrouwd aan de handen van je Maker? Volg jij de waarschuwingssignalen die God overal in zijn Gids, de Bijbel, heeft geplaatst? 'De gebaande weg van oprechten is zich af te keren van het kwade: wie zijn weg in acht neemt, bewaart zijn ziel' (Spreuken 16:17, HSV).

Misschien zeg je: 'Maar Billy, ik ben bijna aan het eind van mijn leven. Ik ben geen slecht mens geweest.' Dat hebben al veel mensen gezegd, zowel jongeren als ouderen, toen ze over de dood nadachten. Maar het is mijn plicht om de waarheid vanuit Gods Woord te spreken: 'Iedereen heeft gezondigd en ontbeert de nabijheid van God' (Romeinen 3:23).

Een vrouw die een bezoek bracht aan de *Billy Graham Bibliotheek* vertelde een verhaal: 'Mijn lieve moeder van zesenzeventig jaar, die in mijn ogen nooit iets verkeerd deed, had moeite met mijn overtuiging dat alle mensen volgens het Woord geboren zondaars zijn. Ik heb jaren gebeden dat ze haar eigen zonde zou erkennen en zich zou bekeren, zodat ze zou weten dat ze gered was door Christus alleen en eeuwig met

Hem zou leven. Toen ik een telefoontje kreeg met de mededeling dat mijn moeder op sterven lag, reisde ik van Europa naar haar huis in Florida. Ze pakte mijn hand en zei: "Lieverd, als ik er niet meer ben, hoef je je geen zorgen te maken. De Heer heeft me gered." "Mam, hoe heeft Hij dat gedaan?" "Toen ik niet meer voor mezelf kon zorgen en aan dit bed gekluisterd was, besefte ik dat mijn einde nabij was. Ik had mijn leven niet meer onder controle. Ik voelde me verloren in mijn eigen huis. De thuiszorgmedewerkster die altijd langskwam, las me geduldig voor. Soms las ze ook uit de Bijbel: '...Er is geen mens rechtvaardig, zelfs niet één' (Romeinen 3:10), '...richt u met hart en ziel naar de HEER, uw God...' (1 Kronieken 22:19) en: 'De Mensenzoon is gekomen om te zoeken en te redden wat verloren was' (Lucas 19:10)." Dat ogenblik zal ik nooit meer vergeten. Toen ik de lieve dame ontmoette die mijn moeder zo trouw tot de Heer had geleid, was ik verbaasd over haar levenslust. Ze was net zo oud als mijn moeder. Het heeft me enorm bemoedigd te zien dat God ons wil gebruiken om anderen te bereiken, als we beschikbaar zijn – welke leeftijd we ook hebben.'

De Bijbel zegt: 'Een betrouwbare getuige redt levens...' (Spreuken 14:25). Voor de levenden zijn er altijd mogelijkheden. De vraag is alleen: grijpen we de mogelijkheden die zich voordoen ook aan, zoals deze thuiszorgmedewerkster deed? Soms komt de dood plotseling en onverwachts. 'Ik had zelfs geen kans om afscheid te nemen,' is een klacht die ik waarschijnlijk tientallen keren heb gehoord. Nog tragischer is de wetenschap dat je de kans hebt gemist om het evangelie te vertellen.

Hoe ouder mensen worden, hoe minder verbaasd we zijn

over hun dood, die vaak pas komt na een lange periode van afnemende gezondheid. Misschien is er zelfs tijd om met de familie bij elkaar te komen en de laatste uren bij de stervende te zijn. Zo was het ook bij Ruth. 'Haar laatste levensfase is aangebroken,' vertelde haar dokter me eerlijk. 'Misschien duurt het nog een paar dagen voor ze overlijdt, maar het proces is begonnen dus bereid je er maar op voor.' Twee weken later verzamelden we ons om haar bed toen ze zwakker begon te ademen. Ik zat naast haar bed en hield haar hand vast. Onze dochter Anne stond naast me. Plotseling zei Anne: 'Ze is in de hemel.' Ze ademde niet meer en haar hand gleed uit de mijne. Haar jarenlange lijdensweg was ten einde. Ruth was haar laatste huis binnengegaan.

De herinneringen aan die laatste maanden zullen me de rest van mijn leven bijblijven: haar groeiende kwetsbaarheid, haar lijden, haar uitingen van liefde, de tijden waarin we samen baden, haar zekerheid – en blijdschap zelfs – dat ze spoedig bij de Heer zou zijn. De Heer waar ze van hield en die ze zoveel jaren had gediend. Nu ik aan die dagen terugdenk, krijgen de bekende woorden van Psalm 23 een nieuwe betekenis voor me. Ze illustreren het vertrouwen dat Ruth had, toen ze merkte dat haar tijd op aarde ten einde liep: 'Al ging ik ook door een dal vol schaduw van de dood, ik zou geen kwaad vrezen, want U bent met mij; Uw stok en Uw staf, die vertroosten mij… Ja, goedheid en goedertierenheid zullen mij volgen al de dagen van mijn leven. Ik zal in het huis van de Heere blijven tot in lengte van dagen' (Psalm 23:4, 6, HSV).

LEVEN MET VERDRIET

Op het moment dat ik dit schrijf, is het vier jaar geleden dat Ruth thuiskwam bij de Heer. Ik ben me nu meer bewust van haar verlies. Er gaat geen dag voorbij zonder dat ik haar zie binnenkomen door de deur van mijn studeerkamer of ons samen op de veranda zie zitten, zoals we dat zo vaak deden. Hand in hand, terwijl de zon onderging achter de bergtoppen.

Ik heb me afgevraagd waarom ik me zo hevig bewust ben van haar verlies. Zou ons verdriet om het verlies van een geliefde in de loop van de tijd niet juist minder moeten worden? Ja, eigenlijk wel – en in bepaalde opzichten is dat bij mij ook gebeurd. Maar in andere opzichten niet, en dat verwacht ik ook niet. Eén van de redenen is, denk ik, dat ik op het moment van haar sterven vooral moest denken aan haar laatste dagen – haar zwakte, haar pijn, haar verlangen naar de hemel. En hoe graag ik haar ook bij ons had gehouden, ik wist tegelijkertijd dat voor haar de dood een welkome verlossing was van de lasten van dit leven. Maar met het verstrijken van de tijd denk ik steeds vaker aan de gelukkige momenten die we in ons meer dan drieënzestigjarige huwelijk samen hebben beleefd. Ik moet denken aan onze laatste jaren, toen ik minder reisde en we meer tijd hadden om gewoon samen te zijn. Dat waren enkele van de beste jaren van ons leven – bijna alsof we weer verliefd op elkaar werden. En die herinneringen brengen ook een dieper gevoel van verlies met zich mee.

De andere reden waarom ik haar dood nog steeds zo diep ervaar is, denk ik, omdat mijn verdriet vermengd wordt met een nieuw gevoel van verwachting – de vaste wetenschap dat de Heer over niet al te lange tijd ook mij komt halen, en dan worden Ruth en ik weer met elkaar verenigd in de hemel. Ik zie meer dan ooit uit naar die dag!

Treuren om ons verlies

Verdriet is een realiteit. Zij die zeggen dat we niet om het verlies van geliefden hoeven te treuren 'omdat ze nu op een betere plek zijn', hebben nooit begrepen welk gapend gat er in ons hart achterblijft wanneer een geliefde sterft. Ja, zij hebben het misschien beter als ze in de hemel zijn – maar wij hebben het niet beter. Een belangrijk deel van ons leven is van ons weggerukt. En net zoals er tijd voor nodig is om te herstellen van een grote operatie, is er tijd nodig om te herstellen van het verlies van geliefden. Wat Paulus tegen de gelovigen in Tessalonica zei, is waar: '…u hoeft niet te treuren, zoals zij die geen hoop hebben' (1 Tessalonicenzen 4:13). Maar we treuren wel, en dat is ook goed. Jezus huilde toen Hij bij het graf van zijn vriend Lazarus stond, ook al wist Hij dat Hij Lazarus kort daarna weer tot leven zou wekken (zie Johannes 11:35).

Mijn ervaring is misschien niet dezelfde als die van jou, maar uiteindelijk zullen we allemaal verdrietige dingen meemaken. Misschien is de dood van je partner je nog bespaard gebleven. Het kan zelfs zijn dat er nog niemand die dicht bij je staat, zoals een ouder of grootouder, is overleden. Anderzijds kan verdriet ook op wrede en tragische manieren je leven binnengekomen zijn. Er kan plotseling een kind, een familielid of een partner van je weggenomen zijn door een hartaanval of een ongeluk. Maar wat we op dit moment ook ervaren, deze bijbelse woorden zijn waar:

Voor alles is er een vastgestelde tijd,
en een tijd voor elk voornemen onder de hemel.
Er is een tijd om geboren te worden en een tijd om te sterven.
Prediker 3:1-2, HSV

Omgaan met ons verdriet

Hoe moeten we ons verdriet verwerken? Ik wil je graag vier stappen aanreiken die mij hebben geholpen. Niet alleen toen ik verdriet had om de dood van Ruth, maar ook toen ik in de loop van de jaren moest omgaan met de dood van mijn ouders, van mijn broer (en beste vriend) Melvin, mijn zus Catherine, de moeder en vader van Ruth, en andere familieleden en vrienden.

Je gevoel accepteren

In de eerste plaats moet je niet verrast zijn dat je verdriet hebt. Ontken het niet en voel je er niet schuldig over. Zelfs al zie je de dood van een geliefde aankomen, dan zul je hem of haar nog steeds missen en verdriet hebben over het verlies. Laat het je ook niet verbazen wanneer deze gevoelens je op onverwachte momenten aangrijpen. 'Ik dacht dat ik mijn verdriet verwerkt had, nadat mijn man vorig jaar overleed,' schreef een vrouw me eens, 'maar een paar dagen geleden liep er iemand voorbij die me aan hem deed denken en opeens liepen de tranen over mijn wangen.'

Rouwen, of verdriet verwerken, is een proces. Het is niet zomaar voorbij – zelfs niet wanneer we weten dat er een einde is gekomen aan het lijden van onze geliefde en hij of zij nu veilig in de hemel is. Wanneer iemand waar we van houden sterft, voelen we misschien aanvankelijk niets (vooral als het een onverwachte dood was). Mensen vertellen ons misschien zelfs hoe goed we met ons verdriet omgaan. Maar dan komt langzaam het gevoel weer terug en kunnen we door de realiteit van wat er gebeurd is, terechtkomen in perioden van diep verdriet en eindeloze pijn. Mensen die nooit zo'n verdriet hebben gehad, kunnen dat vaak niet begrijpen. Maar daardoor moeten we niet denken dat we abnormaal zijn. Ook moeten we onze gevoelens niet ontkennen en doen of alles in orde is. 'Ik zei tegen mensen dat ik niet begreep waarom mijn vriendin niet normaal deed en niet ophield om zo veel over de dood van haar moeder te praten,' zei een vrouw eens. 'Maar toen overleed mijn broer en nu begrijp ik het.'

Vooruit kijken

Een tweede stap die me geholpen heeft in tijden van verdriet is deze: kijk niet alleen naar het verleden, maar richt je hart en je gedachten ook op de toekomst. Wanneer een dierbare overlijdt, hebben we de neiging om gericht te zijn op wat die persoon vroeger voor ons betekend heeft. We denken aan de mooie tijden die we samen beleefden en aan de liefde die ons zelfs in moeilijke tijden bij elkaar hield. Ook voelen we hoe hard en definitief de dood is en beseffen we, als nooit tevoren, dat het verleden voorgoed voorbij is en nooit meer terugkomt. Dat besef is niet verkeerd. Het is zelfs volkomen normaal. Wanneer we te horen kregen dat een vriend of familielid was overleden, zei Ruth vaak: 'Voor hem ben ik blij, maar voor ons niet.'

Maar naarmate de tijd verstrijkt, moeten we onze gedachten ook op onze eigen toekomst richten. Dat is niet eenvoudig. We denken liever niet aan de pijn en leegte die we ongetwijfeld in de komende maanden en jaren zullen voelen. Maar we hebben mensen die van ons houden en ons nodig hebben. En we hebben ook nog dingen te doen. En het allerbelangrijkste: God is nog niet klaar met ons. Hij heeft nog een plan met de rest van ons leven. De woorden van Paulus over zijn eigen geestelijke reis, zijn ook in ons verdriet op ons van toepassing: '...maar één ding is zeker: ik vergeet wat achter me ligt en richt mij op wat voor me ligt. Ik ga recht op mijn doel af: de hemelse prijs waartoe God mij door Christus Jezus roept' (Filippenzen 3:13-14).

Maar soms dringt de toekomst zich aan ons op, op manieren die we liever zouden vermijden. Niemand wordt graag geconfronteerd met de juridische en financiële problemen die wellicht kort na iemands overlijden opgelost moeten worden. Niemand wil graag beginnen aan het uitruimen van de kast of het bureau van zijn of haar partner. Ik ben dankbaar dat mijn kinderen me na de dood van Ruth met deze praktische dingen wilden helpen. Tegelijk wil ik zeggen: voel je niet gedwongen om haastige of ondoordachte beslissingen te nemen waar je later spijt van krijgt.

Je hart en gedachten dwingen om naar de toekomst te kijken, betekent dat je accepteert wat er gebeurd is en er stap voor stap mee leert te leven. Het betekent ook dat je de draad van je normale activiteiten weer oppakt – niet per se van alles tegelijk, maar wel zodanig dat je de verleiding om je terug te trekken weerstaat. Misschien vraagt het een bewuste keuze van je om je normale routine weer op te starten, maar het is belangrijk om dat te doen. *Niemand begrijpt wat ik doormaak,* is een gevoel dat velen herkennen die een dierbare zijn kwijtgeraakt. Maar ook al is het waar, laat het geen reden zijn om jezelf te verstoppen of passief te blijven.

Anderen helpen

Een derde stap om te herstellen van verdriet is deze: ga na verloop van tijd anderen helpen die je nodig hebben. Ik heb eens gehoord over een dominee die zijn preek altijd met deze woorden eindigde: 'Onthoud dat iedereen die je deze week zult ontmoeten een zware last draagt.' Door de jaren heen heb ik gemerkt dat dit waar is. Ik heb nog nooit iemand ontmoet die niet door één of ander probleem of een last terneer werd gedrukt. Maar God wil iedereen helpen bij het dragen van die last – en één manier waarop Hij dat doet, is door iemand naar die persoon toe te sturen die een deel van de last wil dragen. Verdriet is een zware last en we moeten bereid zijn ons door anderen te laten helpen, in plaats van te proberen het gewicht alleen te torsen.

Paulus herinnert ons eraan: 'Draag elkaars lasten, zo leeft u de wet van Christus na' (Galaten 6:2), en: 'Wees blij met wie zich verblijdt, heb verdriet met wie verdriet heeft' (Romeinen 12:15). Om je heen zijn allerlei mensen die ook lasten dragen en God kan jouw ervaring gebruiken om hen te bemoedigen en te helpen. Zijn er op dit moment mensen in je kerk of in je buurt die verdriet hebben? Vraag God of Hij je wil helpen een vriend voor hen te zijn. Jij kunt, beter dan de meeste mensen, begrijpen waar ze doorheen gaan. Je kunt hun last verlichten door naar hen om te zien. Soms is een luisterend oor alles wat ze nodig hebben. Onthoud wie God is: '… de Vader die zich over ons ontfermt, de God die ons altijd troost en ons in al onze ellende moed geeft, zodat wij door de troost die wijzelf van God ontvangen, anderen in al hun ellende moed kunnen geven' (2 Korintiërs 1:3-4). En wanneer we naar anderen uitreiken, helpen we niet alleen hen, maar ook onszelf, omdat we afgeleid worden van ons eigen verdriet.

Je tot God wenden

De laatste stap in het omgaan met ons verdriet is tevens de belangrijkste. Breng je verdriet bij God. God weet waar je doorheen gaat, Hij houdt van je en wil je helpen. Onthoud dat Hij weet wat het is om verdriet te hebben, want Hij moest toezien hoe zijn Zoon ter dood werd gebracht. Jezus was '…een Man van smarten, bekend met ziekte…' (Jesaja 53:3, HSV). Maar Jezus zei: 'Gelukkig de treurenden, want zij zullen getroost worden' (Matteüs 5:4).

Hoe helpt God ons met het verwerken van ons verdriet? Allereerst door te laten merken dat Hij bij ons is. We zijn nooit alleen als we Christus kennen. Hij woont in ons door zijn Geest. Zelfs als je zijn nabijheid niet voelt, verandert dat niets aan het feit dat Hij elk moment van de dag bij je is. Gods belofte is voor jou:

Wees niet bang, want Ik ben bij je,
vrees niet, want Ik ben je God.
Ik zal je sterken, Ik zal je helpen,
je steunen met mijn onoverwinnelijke rechterhand.
Jesaja 41:10

Daarnaast verzekert Hij ons van zijn beloften. God kan niet liegen – en de Bijbel staat van kaft tot kaft vol met zijn '...kostbare, rijke beloften...' (2 Petrus 1:4). Lees ze, bestudeer ze, onthoud ze, vertrouw erop en laat ze groeien en vrucht dragen in je ziel.

Kort na de dood van Ruth bladerde ik door één van haar oude Bijbels. Ze had honderden verzen onderstreept en vaak in de marge nog een korte opmerking toegevoegd. Ze had vooral gedeelten van psalmen onderstreept over Gods belofte dat Hij in tijden van moeite, verdriet of eenzaamheid bij ons is. Wend je dagelijks tot het Woord van God in het diepst van je verdriet. Laat je bemoedigen en ondersteunen door de beloften die er in staan. Volg deze raad:

Leg uw last op de Heer
en Hij zal u steunen,
nooit zal Hij dulden dat een rechtvaardige ten val komt.
Psalm 55:23

Ten slotte helpt God ons met de verzekering van zijn goedheid. Wanneer we een geliefde verliezen, kunnen we meestal alleen maar denken aan ons eigen verdriet en aan hoe leeg ons leven zal zijn. We kunnen zelfs boos zijn op God, omdat Hij onze geliefde heeft weggenomen. In plaats daarvan zouden we moeten denken aan Gods zegeningen en een geest van dankbaarheid moeten hebben – dankbaarheid voor het leven van onze geliefde, dankbaarheid voor alles wat hij of zij voor ons betekende, dankbaarheid voor de jaren die God ons samen gegeven heeft, en vooral dankbaarheid dat de dood voor een geredde ziel de toegang tot Gods eeuwige nabijheid betekent.

Een dagelijkse houding van dankbaarheid zal ons grotendeels boven ons verdriet uittillen.

Aan je vrienden denken

Misschien hoef je op dit moment niet de dood van een geliefde te verwerken. Misschien vind je het zelfs een beetje eng om er veel over na te denken, nu het nog niet aan de orde is. Maar ook als je zelf voorlopig niet door verdriet getroffen wordt, overkomt het anderen wél – vrienden, collega's, familieleden, en mensen die je minder goed kent. Hoe kun je hen helpen met hun verdriet om te gaan, zelfs als je er persoonlijk niet door geraakt wordt?

Het is niet altijd gemakkelijk om iemand te helpen die verdriet heeft. Sommige mensen zijn trots of zeer gesloten en misschien willen ze liever geen hulp van ons. Maar in het algemeen heb ik ontdekt dat er toch minstens drie manieren zijn waarop we mensen kunnen helpen die verdriet hebben.

Vertel hun dat je meeleeft

'Ik had me nooit gerealiseerd hoeveel een eenvoudig briefje of een kaartje kan betekenen, totdat mijn vader overleed,' vertelde een man me eens. 'De kaarten die ik toen kreeg, betekenden meer voor me dan ik ooit had kunnen denken. Het was een teken dat mensen meeleefden, en dat was heel bemoedigend.'

Meeleven kan op allerlei manieren – van mensen helpen bij het voorbereiden van de begrafenis tot gewoon zeggen hoeveel hun geliefde voor jou betekend heeft. Soms is het genoeg dat je luistert naar hun verhalen over hoe de laatste dagen of weken zijn geweest. Door de jaren heen moet Ruth honderden liters soep uitgedeeld hebben aan de mensen in onze gemeenschap die naar de begrafenis van een geliefde waren gekomen. Bedenk op welke manier je kunt helpen en ga het dan doen, al is het het doen van de afwas of het bijhouden van het gastenboek. Maar wees fijngevoelig. Sommige mensen nemen niet snel hulp aan van mensen die ze niet goed kennen.

Houd contact

Vaak is de eerste tijd na iemands overlijden een hectische periode – familieleden die op bezoek komen, mensen die bellen, bloemen die bezorgd worden, en mensen die hun medeleven komen betuigen. Maar na een tijdje wordt al die aandacht minder. 'In het begin belde iedereen op of kwamen ze langs,' schreef een vrouw, 'maar Jim is nu zes maanden overleden en nu belt er niemand meer om te vragen hoe het met me gaat. Het lijkt net of ze me vergeten zijn.'

Maar zo zou het niet moeten zijn – vooral niet onder christenen. De Bijbel zegt: '...wees goed en zorgzaam voor elkaar...' (Zacharia 7:9). Een voormalig accountant gebruikt zijn pensioenjaren om mensen te helpen die onlangs hun partner hebben verloren. Hij helpt hen bij de afhandeling van verzekeringen of juridische papieren die ze misschien niet begrijpen. Ik hoorde over een andere man die een aantal dagen per week chauffeur is voor oudere mensen die geen partner meer hebben en naar de dokter moeten.

Bid voor hen

Bid dat ze de troost van God zullen ervaren en ook dat ze zich tot Christus zullen wenden voor de vrede en hoop die ze nodig hebben. Als jij pas een geliefde zou zijn kwijtgeraakt, zou je dan niet blij zijn als je wist dat anderen voor je bidden?

Bijna thuis en door God getroost

De dood is altijd een indringer, zelfs wanneer we hem zien aankomen. Hij gooit ons leven overhoop en laat een spoor van verdriet achter. Niemand is blij met de pijn, leegte en eenzaamheid waar hij ons mee laat zitten – maar God heeft ons niet verlaten en ook in het grootste verdriet is zijn Woord waar: 'Nooit zal Ik u afvallen, nooit zal Ik u verlaten' (Hebreeen 13:5). Als we met dood en verdriet te maken hebben, is dit een geweldige, geruststellende belofte. Door het Woord van God kunnen we putten uit Hemzelf, door zijn Heilige Geest die in ons woont. De Heer troost ons ook via mensen. We kunnen Hem vragen ons duidelijk te maken wie er bidden om zijn troost, want vaak gebruikt Hij zijn dienaren om daarin te voorzien.

Ik vind het altijd hartverwarmend om te lezen hoe Paulus in zijn brieven de mensen groet die hem hebben gediend en met hem hebben samengewerkt. Vooral deze tekst is daar een mooi voorbeeld van: 'Groet Rufus, die door de Heer is uitgekozen, en zijn moeder, die ook voor mij een moeder is' (Romeinen 16:13). Rufus was de zoon van Simon van Cyrene, die uit de menigte werd gehaald om het kruis van Jezus te dragen.

Het Woord zegt niets over de ouders van Paulus, maar in dit gedeelte worden we geraakt door de liefdevolle manier waarop de apostel over deze lieve moeder spreekt. Ze is Simons vrouw en hoewel we verder geen informatie krijgen, is het duidelijk dat deze oudere moeder Paulus in zijn bediening ondersteunde.

Denk je eens in wat Paulus en Rufus allemaal met Simons vrouw besproken zullen hebben, toen ze vertelde over die dag dat haar man moest helpen het kruis van Jezus te dragen, naar zijn doodsbestemming Golgota. Paulus zal zeker verteld hebben over zijn tocht naar Damascus. Op die dag was hij van plan geweest om christenen gevangen te nemen en hen mee te voeren naar Jeruzalem, waar ook zij de dood in de ogen zouden kijken. Kun je je voorstellen hoe blij deze moeder was dat haar zoon Rufus deze man diende? Deze man, die door de Heer op wonderlijke wijze was gered en was geroepen om de wereld de boodschap van redding te verkondigen? Blijkbaar was ze van Paulus gaan houden alsof hij haar eigen kind was en maakte ze, zoals we in het Woord lezen, een diepe indruk op hem. Wat een zegen zou deze oudere moeder zijn misgelopen, als ze haar huis en haar hart niet had opengesteld voor de geliefde apostel Paulus!

Hoewel veel oudere mensen niet meer voor zichzelf kunnen zorgen, zijn er ook velen die dat wel kunnen. En zij kunnen op verschillende manieren ook voor anderen zorgen. Vaak ontdekken we dat onze eigen lasten minder zwaar zijn wanneer we ons gaan inzetten voor anderen. Onze keuzes bepalen ons lot. Wanneer we onze weg gaan met de Heer Jezus in het middelpunt, is onze levensreis zinvol en vol hoop dat we ooit herenigd zullen worden met al diegenen die óns leven hebben beïnvloed.

7.

Een goed voorbeeld zijn

Ik denk vaak aan het oprechte geloof dat je grootmoeder… en je moeder… hadden en dat – daarvan ben ik overtuigd – jij nu ook hebt.
2 TIMOTEÜS 1:5

Wijze raad aan jongeren is de plicht van ouderen.
AUTEUR ONBEKEND

'Kinderen onder de hoede van nieuwe generatie verzorgers,' kopte de *Washington Post* in 2010. Het artikel was gebaseerd op een in 2007 gedane studie van het Pew Onderzoekscentrum en vertelde dat één op de tien Amerikaanse kinderen tegenwoordig bij een grootouder woont. In de huidige maatschappij, met alle ophef over medische zorg, ouderen, uitkeringen en de moeite die het kost om verzorging te vinden voor oudere mensen, is dit een ontstellende omkering van het rollenpatroon. Er werden meerdere oorzaken genoemd voor dit opmerkelijke gegeven: ouders die hun baan verliezen en op pad moeten om werk te zoeken, ouders in actieve militaire dienst, ouders in de gevangenis, weeskinderen, ontheffing uit het ouderlijk gezag vanwege verslaving, alleenstaande ouders met een levensbedreigende ziekte, tienerzwangerschap en nog veel meer. Een subtitel in het artikel luidde: 'Grootouders schieten te hulp!'

De verhalen zijn schrijnend: Een grootmoeder vertelde dat ze haar twee maanden oude kleinzoon op haar stoep vond, nadat iemand om drie uur 's nachts op haar deur had geklopt. Hij was achtergelaten door haar drugsverslaafde dochter. Een grootvader werd gevraagd of hij het erg vond dat hij zijn pensioen moest onderbreken om zijn jonge kleinkinderen op te voeden. De ouders van de kinderen waren omgekomen door een auto-ongeluk. Hij zei: 'Het is mijn plicht. Ik wil in elk geval niet dat de kinderen van mijn zoon door vreemden worden opgevoed. En trouwens, daar ben je toch grootvader voor?' Sommige grootouders hebben moeite met de inbreuk op hun vrijheid, anderen zien het als een zegen en zijn dankbaar dat ze in een voor kinderen traumatische situatie voor stabiliteit kunnen zorgen. Voor sommige grootouders brengt de nieuwe rol een enorme financiële last met zich mee. Velen leven van een mager inkomen en kunnen om allerlei redenen niet meer aan het werk.[6]

Honderd jaar geleden zouden soortgelijke toestanden niet zulke problemen opleveren. Het was vrij normaal dat er meer generaties in één huis woonden, vooral in de boerengemeenschappen die de ruggengraat van ons land vormden. De maatschappij keek niet neer op een huishouden waar de grootouders het huis deelden met hun kind, aangetrouwde kind en kleinkinderen. Ze zaten elke dag gezamenlijk aan tafel, nadat ze samen op de boerderij hadden gewerkt, het huishouden hadden gedaan en het eten hadden klaargemaakt. Iedereen at lekker mee. Daarna gingen ze allemaal in de avondkoelte op de veranda zitten, of trokken ze zich terug bij de warme kachel als het winter was. Er werd gelachen en er werden verhalen verteld. En de volgende dag begon alles weer opnieuw. Kinderen zagen hun ouders respect hebben voor hun grootouders, een voorbeeld dat hun leerde om eerbied te hebben voor ouderen. De grootouders waren dankbaar, zowel voor het jeugdige leven om hen heen als voor de gelegenheid om hun volwassen kinderen te ondersteunen en begeleiden bij de opvoeding. Vaak zeiden de mensen van de oudere generatie dat ze er vitaal en levenslustig door bleven. Hoewel niet elke familiesituatie zo ideaal was, was het geen slecht idee om met meer generaties bij elkaar te wonen. Door sterke familiebanden kweekte je een sterk, betrouwbaar karakter. Ik geloof dat jonge mensen die niets van die tijd weten, belangrijke lessen hebben gemist.

Wat ik wil zeggen, is dat grootouders en overgrootouders tegenwoordig vaak het belang van hun rol in de familie onderschatten. Respect moet verdiend en gegeven worden. Hoewel aan de ene kant de maatschappij steeds minder waardering heeft voor de invloed van de oudere generaties, hebben ook de ouderen te gemakkelijk en zonder goed na te denken afstand gedaan van hun rol. De Bijbel zegt dat we moeten omzien naar onze familieleden, vooral naar onze nabije familie (zie 1 Timoteüs 5:8). Degenen die het langst leven, moeten het voorbeeld geven. Sommigen zeggen misschien dat ouderen niets meer in te brengen hebben in de maatschappij, maar dat betekent niet dat we ons aan de kant moeten laten zetten. Als de samenhang in het gezin afbrokkelt, valt op den duur de maatschappij uit elkaar. Dat is wat er momenteel in ons land gebeurt. Een goede vriend zei op een dag: 'Het wordt tijd dat we het roer overgeven aan de jonge mensen. Onze tijd zit erop. We hebben het op onze manier gedaan. Nu zijn zij aan de beurt.'

Ik ben er dankbaar voor dat mijn kinderen iets van hun grootouders hebben meegekregen. Mijn vader stierf toen mijn kinderen nog vrij jong waren en mijn moeder woonde twee uur bij ons vandaan. De kinderen gingen vaak bij haar op bezoek, tot ze in 1981 overleed. De ouders van Ruth woonden op loopafstand. Ze brachten veel tijd met onze kinderen door en hadden op elk van hen een grote invloed. Dr. Bell vermaakte hen met zijn verhalen uit de tijd dat hij als zendingsdokter in China werkte. Wanneer hij bij de bloederige details aankwam, riep Ruths moeder hem tot de orde. Dat kon echt niet! De kinderen vonden het echter prachtig en probeerden hun grootvader over te halen om verder te vertellen. Ze praten er nu nog over. Ze hebben het ook nog vaak over de kracht die ze uit hun grootvaders wijsheid en ervaring putten. Tenslotte maakt dat allemaal deel uit van hun erfenis, die ze ook weer aan hun kinderen en kleinkinderen hebben doorgegeven. Het is een blijvende erfenis.

Ik realiseer me dat niet iedereen zo'n verhaal heeft. Veel mensen hebben nooit een warm gezin en huiselijke liefde gekend. Velen hebben een duister verhaal van misbruik en een schrijnend tekort aan liefde en acceptatie. De maatschappij lijkt met iedere generatie verder af te glijden. Een ouder echtpaar gaf toe dat ze geen flauw idee hadden hoe ze hun tienerkleinkinderen konden beïnvloeden – ze wisten gewoon niet hoe ze met hen om moesten gaan. Ik geloof dat dat misschien het probleem is:

we zoeken naar een *flauw* idee, terwijl we het *zout* van de aarde moeten zijn. We moeten Gods Woord openen. Daarin vinden we de antwoorden.

De druk die een groep uitoefent op een individu en wat hij uitstraalt is groot en zeer reëel. De Bijbel zegt:

...Als je waardige woorden spreekt, niets onwaardigs,
zul je weer mijn zegsman zijn.
Laat dit volk zich naar jou richten,
jij mag je niet richten naar hen.
Jeremia 15:19

In mijn tijd stonden jongens onder druk van de groep om te gaan roken. De generatie waar mijn kinderen toe behoren, voelde een grote druk om met drugs te experimenteren. De generatie van mijn kleinkinderen werd op bijna elke leeftijd en in bijna elke maatschappelijke laag bestookt met lichtzinnige seks. Omdat het Woord van God al tientallen jaren ontbreekt op openbare scholen, en omdat gezinnen vrijwel nauwelijks meer samen naar de kerk gaan, zijn er slechts flarden van goddelijke invloed die mensen leren leven volgens bepaalde waarden en normen, en met ontzag voor God.

Het is verbazingwekkend om te lezen hoeveel invloed jongeren hebben op ouderen. Een tamelijk jonge oma probeerde goed te praten dat ze met een man samenwoonde. Ze zei: 'Mijn kleindochter vindt me hartstikke cool.' Dat is een wereld van verschil met het leven op de boerderij, waar een grootmoeder haar kleindochter liefdevol goede raad wist te geven (zie Titus 2:3). De oudere generatie zou manieren moeten zoeken om de jongere te bemoedigen, want jonge mensen worden voortdurend bestookt met verkeerd onderwijs, slechte voorbeelden en manipulatie.

Een verslaggever interviewde een honderdvierjarige vrouw met de vraag: 'Wat is het mooiste van honderdvier zijn?' Ze antwoordde simpelweg: 'Geen groepsdruk.' Hier kunnen we om glimlachen, omdat er zoveel waarheid in schuilt. Naarmate ouderen ouder worden, vergeten ze gemakkelijker hoe het was om jong en beïnvloedbaar te zijn.

George Beverly Shea geniet op zijn honderdtweede van het leven. Hij ziet mij als zijn jongere vriend. Zij die al meer dan een eeuw gezegend zijn met een gezond en rijk leven, vormen een geheel eigen klasse. Velen vragen zich regelmatig af hoe het komt dat Bev zo goed met jonge mensen om kan gaan. Ik denk dat het komt doordat Bev zijn leeftijd met waardigheid en humor omarmt, en mensen voelen zich door die echtheid aangetrokken. Ze worden gesterkt door zijn goede humeur en zijn getuigenis van wat de Heer Jezus voor hem betekent. Hij probeert zijn overtuiging niet in een ander jasje te steken om geaccepteerd te worden door mensen die jonger zijn dan hij. En ik vind het boeiend dat zoveel jonge mensen hem opzoeken en vragen of hij op het orgel wil spelen. Wij, de oudere generatie, doen jonge mensen vaak tekort, door hun te geven wat ze volgens ons willen, in plaats van onze ervaringen te delen. Voor ons zijn die ervaringen oud nieuws. Voor jongeren is het informatie waar ze nooit eerder van gehoord en over nagedacht hebben.

Tien jaar geleden organiseerde de universiteit van Stanford een forum over ouder worden, waarbij jonge mensen waren uitgenodigd om deel te nemen aan de discussie. De vraag was: 'Waarom is ouder worden een onderwerp voor jonge mensen?'[7] Waarop een student zou hebben geantwoord: 'Omdat we allemaal dezelfde reis maken en ik zou graag weten wat anderen onderweg geleerd hebben.'

Wat een voorrecht om de weg te mogen banen voor hen die toekijken. Zijn we daar echt serieus mee bezig? We geven satan de kans onze invloed weg te poetsen, door ons te laten geloven dat er toch niemand interesse heeft. Toen ik dit boek schreef, hoorde ik van een blog waarin jonge mensen discussieerden over het verschil tussen de jonge en de oude generaties. Daarin stond: 'In de maatschappij hebben we de bijdragen van beide generaties nodig. De jongere stelt vragen, daagt uit en stimuleert verandering; de oudere trapt soms op de rem, terwijl ze de wijsheid van de ervaring inbrengt (die ons kan helpen wijze beslissingen voor ons leven te nemen).'[8]

God, met eigen oren hebben wij het gehoord,
onze voorouders vertelden het ons door:
de daden die U verrichtte in hun dagen,
in de dagen van weleer.
PSALM 44:2

Wat zullen je kinderen en kleinkinderen nog van jou weten, als je er allang niet meer bent? Soms lopen ouderen hun kansen mis. Ze zijn te gefixeerd op hun kwalen en als mensen, en zelfs kleinkinderen, uit hun buurt blijven, kan hen dat volledig worden aangerekend.

Enige tijd geleden kreeg ik een brief van een jongeman die zei: 'Ik zou willen dat ik kon zeggen dat ik goede herinneringen aan mijn oma had, maar het enige wat ik me kan herinneren, is dat ze heel oud leek. Ze was altijd aan het mopperen en klagen over van alles en nog wat.' Een ander schreef: 'Mijn opa maakte er altijd iets leuks van als we op bezoek kwamen, maar naderhand hoorden we nooit eens wat van hem.' Een teleurgestelde dochter vertelde: 'Mijn ouders zijn zo met zichzelf bezig dat ze sinds hun pensioen alleen maar geïnteresseerd zijn in plezier maken. Ik vraag me af of ik ook zo zal zijn als ik ouder ben. Ik hoop het niet.'

Ik hoop het ook niet, want dat is niet hoe God wil dat we onze laatste jaren doorbrengen. Klagend of egocentrisch – dat is toch niet de indruk die we willen achterlaten bij hen die na ons komen? Wat zullen ze zich van ons herinneren als we zo zijn? Wat belangrijker is, wat leert die houding hun over het leven en hoe het geleefd moet worden? Het antwoord is: heel weinig, en niets goeds.

Maar God wil niet dat we onze latere jaren doelloos uitzitten of besteden aan oppervlakkige, zinloze bezigheden. In plaats daarvan wil Hij dat we ze op alle mogelijke manieren gebruiken om hen te beïnvloeden die na ons komen. God wil dat we goed eindigen – en één van de manieren om dat te doen, is door onze waarden en ons geloof door te geven aan de volgende generaties.

Een erfenis achterlaten

Onze kinderen zijn geen computers. We kunnen ze niet programmeren, zodat ze altijd precies doen wat wij willen, of zodat ze precies worden zoals we zouden wensen. Het is één van de mysteries van het leven: twee kinderen kunnen in hetzelfde gezin opgroeien en zich als ze ouder worden toch ontwikkelen tot volstrekte tegenpolen van elkaar. Ouders weten dat elk kind verschillend is en zelfs met de beste opvoeding kunnen sommige kinderen zich verzetten tegen onze pogingen hen te leiden. Het beste wat we kunnen doen, is de juiste omgeving scheppen – ze liefhebben, opvoeden, voor hen bidden en ze meegeven wat ze nodig hebben om verstandige beslissingen te nemen wanneer ze ouder worden. Dat doen we zowel door ons onderwijs als door het voorbeeld dat we geven – met andere woorden, zowel door wat we zeggen als door wat we doen.

Als ouder heb je rechtstreeks invloed op je kind. De invloed die je later op je kleinkinderen hebt, zal waarschijnlijk veel minder rechtstreeks zijn. Soms is dat natuurlijk niet het geval. Door een sterfgeval, een scheiding of een andere oorzaak zullen grootouders soms bij moeten springen en de rol van ouders moeten aannemen. Maar over het algemeen worden de mogelijkheden om zowel onze kinderen als onze kleinkinderen te beïnvloeden steeds zeldzamer naarmate we ouder worden.

Maar dat betekent niet dat we geen enkele invloed op hen hebben – want dat hebben we wel. En ook betekent het niet dat onze invloed van weinig belang is – want dat is hij wel. Misschien blijkt zelfs dat hoe wij zijn één van de belangrijkste dingen is die we ooit zullen doen. Zelfs als we geen kleinkinderen hebben, of als we kinderloos of alleenstaand zijn, hebben we nog steeds een belangrijke en unieke erfenis door te geven aan de volgende generatie – en die daarna. Er wordt naar ons gekeken en er worden lessen uit ons leven getrokken.

Denk hier eens even over na: hoe zullen jongeren te weten komen wat hen te wachten staat als ze oud zijn en hoe ze daarmee om moeten gaan? Of hoe zullen ze het belang inzien van een leven dat gebouwd is op het sterke fundament van geloof in Christus en zijn Woord? Of hoe zullen ze het verschil ontdekken dat Christus in iemands leven kan uitmaken, met name als ze ouder worden? Het antwoord ligt voor de hand: door naar hen te kijken die al ouder zijn.

Onze grootste erfenis

De grootste erfenis die je aan je kinderen en kleinkinderen kunt doorgeven, is niet je geld of de andere materiële dingen die je in je leven hebt verzameld. De grootste erfenis die je aan hen kunt doorgeven, is de nalatenschap van je karakter en je geloof. Hetzelfde geldt voor andere jonge mensen die ons kennen en observeren, ook al zijn ze geen familie.

Dit is tenslotte wat onze kleinkinderen, en anderen die ons hebben gekend, zich van ons zullen herinneren als we er niet meer zijn – in goede en slechte tijden. Als we een slecht karakter hebben, gekenmerkt door hebzucht, onoplettendheid, boosheid, bitterheid, egoïsme, onverantwoordelijk gedrag, onbetrouwbaarheid of welke andere negatieve eigenschap dan ook, is dat wat mensen zich van ons zullen herinneren. Maar als ons karakter en onze integriteit door de jaren heen door Christus zijn gevormd, zullen ze dit ongetwijfeld merken en zich herinneren.

Waarom is het geloof onze grootste erfenis? Omdat de nagedachtenis aan hoe we geweest zijn – niet alleen onze persoonlijkheid, maar ook ons karakter en ons geloof – de potentie heeft om anderen dichter bij Christus te brengen.

Mijn ouders hebben een grote invloed op me gehad. Tot op de dag van vandaag pluk ik de vruchten van mijn moeders vriendelijke en zachtmoedige karakter en haar zorg voor het geestelijk welzijn van anderen. Hoewel ze niet veel opleiding had genoten, hield ze veel van de Bijbel en besteedde ze veel tijd aan het geven van bijbelstudie. Ook denk ik met grote dankbaarheid terug aan mijn vaders voorbeeld van eerlijkheid, integriteit, discipline en hard werken.

Ik weet nog dat ik als jongeman keek naar een ouder echtpaar dat in onze gemeenschap woonde. Ze genoten van elkaars gezelschap, zonder ooit te beseffen welke invloed ze hadden op hen die van een afstand naar hen keken. Door de jaren heen hebben talloze anderen mij beïnvloed en veranderd door hun voorbeeld van leven – hoewel ik zeker weet dat ze zich daar niet bewust van waren. Hetzelfde geldt waarschijnlijk voor mensen in jouw leven. Onze grootste invloed op anderen komt vaak niet door wat we zeggen, maar door wat we doen.

Onze grootste hoop

Wat is je grootste hoop voor je kinderen en kleinkinderen (en voor anderen buiten je familie die deel uitmaken van de volgende generatie)? Is het dat ze mannen en vrouwen worden die met anderen meeleven, eerlijk zijn, een hoogstaande moraal en discipline hebben, zich verantwoordelijk en loyaal opstellen, niet alleen aan zichzelf denken en bereid zijn offers te brengen? Je hoop zou moeten zijn dat ze gelovige mannen en vrouwen worden, die vertrouwen op Jezus Christus als hun Redder, en die het verlangen hebben Hem elke dag te volgen als de Meester van hun leven.

Hoewel we deze beslissing niet voor anderen kunnen nemen, kunnen we ze wel de weg wijzen door een voorbeeld te zijn van de liefde van Christus en van zijn macht, die elk leven kan veranderen dat aan Hem is overgeleverd.

Een waarschuwing is hier echter op zijn plaats. We kunnen ons niet voordoen als iemand die we niet zijn. Je kunt niet pretenderen een karakter van Christus te hebben. Als Christus niet echt iets voor je betekent of als je niet hebt geleerd om met Hem te wandelen en elke dag je leven aan Hem over te geven, zal je geestelijke invloed op hen die na je komen veel kleiner zijn dan hij had kunnen zijn. Jonge mensen zijn heel gevoelig voor huichelarij. Als ze vermoeden dat we niet oprecht zijn, zullen ze onze pretenties naast zich neerleggen en onze raad niet aannemen. Maar als ze merken dat ons geloof wel oprecht is en onze liefde gemeend, zullen ze ons respecteren en serieus nemen (ook al weten ze dat we niet volmaakt zijn).

Daarom is het zo belangrijk om nu je leven op het vaste fundament van Jezus Christus te bouwen, in plaats van te wachten tot het te laat is en de problemen van de ouderdom je te veel worden. Elke tuinman weet dat een vrucht niet van de ene op de andere dag rijp wordt. Er is tijd voor nodig om te groeien – en bij de vrucht van de Geest in ons leven is het net zo. De Bijbel spoort ons aan om '...volmaakt en volkomen [te] zijn, zonder enige tekortkoming' (Jakobus 1:4).

De kloof overbruggen

Hoe kunnen we in de praktijk invloed uitoefenen op mensen die misschien veertig of vijftig jaar, of duizenden kilometers, van ons verwijderd zijn? Door de jaren heen hebben Ruth en ik in de relatie met onze kleinkinderen (en nu ook achterkleinkinderen – drieënveertig op dit moment –) verschillende dingen proberen te doen, hoewel ik weet dat we niet volmaakt waren. Misschien kunnen deze punten je helpen.

Bid regelmatig

Bid regelmatig voor je familieleden. God weet veel beter dan jij wat ze nodig hebben en Hij is '...bij machte... oneindig veel meer te doen dan wij vragen of denken' (Efeziërs 3:20). God is in staat te doen wat wij niet kunnen, vooral binnen onze gezinnen. We hebben allemaal wel eens gehoord van het oude spreekwoord 'uit het oog, uit het hart'. Laat dat voor jouw familie niet opgaan.

Bid niet alleen in algemene termen (het soort gebed waarin je vaag om een zegen vraagt). Bid voor concrete dingen en doe het dagelijks. Bid niet alleen dat God hen bewaart, maar ook dat Hij hen beschermt tegen de verleidingen en het kwaad waarmee jonge mensen tegenwoordig worden bestookt. Bid dat God hen het verlangen geeft om te doen wat goed is en te vermijden wat verkeerd is en dat ze zijn wil voor hun leven zullen zoeken als ze ouder worden. Als je weet dat ze een beslissing moeten nemen of iets moeilijks moeten doen, bid dan ook daarvoor. Laat hen weten dat je voor hen bidt, niet omdat je probeert je met hun leven te bemoeien, maar omdat je van hen houdt en het heel belangrijk vindt hoe het met hen gaat. Bid bovenal dat ze hun hart en hun leven zullen openstellen voor Jezus Christus en zijn volgeling zullen worden.

Houd contact

Het is niet altijd eenvoudig om regelmatig contact te houden. De één gaat hier wonen en een ander daar, en we moeten ook niet de indruk geven dat we ons met hun leven willen bemoeien. Maar maak gebruik van elke gelegenheid die je krijgt. Bij sommige families gebeurt dat dagelijks, bij andere is dat beperkt tot een enkel telefoontje of een verjaardagskaart. Ik ken grootouders die zich in allerlei bochten wrongen om te leren e-mailen, of zich op hyves of facebook waagden omdat ze daardoor in contact konden blijven met hun kleinkinderen.

Het is ook belangrijk om hen te laten weten dat je van hen houdt en graag wilt dat het goed met hen gaat. Niet zo lang geleden, toen ik bij de dokter in de wachtkamer zat, vroeg een vrouw mij terloops of ik ook kleinkinderen had. Toen ik vertelde dat ik er negentien had, viel haar mond vol afgrijzen open. 'Negentien!' bracht ze uit. 'Hoe houdt u het vol? Ik heb er maar twee en ik word gek van ze. Ik kan me niet voorstellen dat ik er negentien moest verdragen!' Eerst moest ik wel lachen om haar reactie, maar later vond ik het ook wel verdrietig. Je kleinkinderen kleden zich misschien niet zoals jij het zou willen en ze luisteren misschien niet naar jouw favoriete muziek, maar je hebt hen van God gekregen en Hij houdt van hen. Ze zijn één van de geschenken die God je heeft gegeven. Vertel hun dus dat je van hen houdt, zowel in woorden als in daden.

Bemoedig hen

De Bijbel zegt: 'Bemoedig elkaar... en bouw de één de ander op...' (1 Tessalonicenzen 5:11, HSV). Nadat Saulus van Tarsus (later Paulus genoemd) op de weg naar Damascus Christus had ontmoet, raakte hij bevriend met een man die hem hielp en die later Saulus' metgezel zou worden op zijn eerste zendingsreis. Die man heette Barnabas, '...dat in onze taal "zoon van de vertroosting" betekent' (Handelingen 4:36).

Het is verleidelijk om tegen onze kleinkinderen te preken of hun te vertellen wat ze volgens ons verkeerd doen, en zo nu en dan kan dat nodig zijn. Maar wees niet overwegend negatief! Ze moeten horen dat we van hen houden, en vooral dat God van hen houdt. Moedig hen aan wanneer ze dat verdienen. En wanneer ze dat niet doen, moedig hen dan aan om na te denken over een andere weg. Leer ook om te 'vergeven en vergeten', als ze onnadenkend zijn of iets doen wat ons kwetst.

Vermijd tegelijkertijd de valkuilen. Het is bijvoorbeeld gemakkelijk om 'lievelingetjes' te hebben, ook in familiekringen. Misschien kunnen we het met één bepaald kleinkind beter vinden dan met de andere, waardoor we er onbewust meer tijd mee doorbrengen of hem of haar meer cadeautjes geven. Maar de Bijbel zegt dat we niets uit partijdigheid moeten doen (zie 1 Timoteüs 5:21, HSV). God heeft hen stuk voor stuk gemaakt en Hij houdt ook stuk voor stuk van hen. Dat zouden wij ook moeten doen. Als wij hen liefdevol en eerlijk behandelen, gaan ze in zichzelf en in God geloven.

Onthoud je plaats

We zijn niet de ouders van onze kleinkinderen. We moeten oppassen dat we ons niet bemoeien met de taak die aan hun ouders voorbehouden is. We moeten ook zien te vermijden dat we spanningen en conflicten veroorzaken door partij te kiezen bij familiegeschillen. Laat je leiden door dit bijbelse advies: 'Heb elkaar vóór alles innig lief, want liefde bedekt tal van zonden' (1 Petrus 4:8).

Wees een voorbeeld

Onthoud dat je kinderen en kleinkinderen vooral van je leren door naar je gedrag en je houding te kijken. Zien ze Christus in jou? Zullen ze later aan je terugdenken als iemand die een levend voorbeeld was van zijn mededogen en liefde? Zullen zij zich jouw diepe vrede en blijdschap herinneren, ook al beleefde je moeilijke tijden of werd je ingehaald door de beperkingen van de ouderdom? Ik hoop dat ze aan je zullen denken als iemand wiens leven was veranderd door Jezus Christus – net zoals hun leven dat kan zijn.

Gebroken relaties herstellen

Hoe herstellen we een erfenis die beschadigd is door iets wat misschien jaren geleden is gebeurd, maar ons nog steeds achtervolgt omdat het nooit is opgelost? Bijvoorbeeld gebroken relaties die nooit hersteld zijn. Misschien is dat ook in jouw leven het geval. Als dat zo is, ontken het dan niet en doe wat je kunt om dit te veranderen. Nu we ouder worden en op ons leven terugkijken, hoe kijken we dan tegen deze onopgeloste conflicten aan?

'Mijn moeder en ik hadden altijd al een moeizame relatie,' schreef een vrouw onlangs aan mij, 'en we hebben elkaar de afgelopen tien jaar zelfs niet gesproken. Nu is ze er niet meer en ik zou er alles voor over hebben om haar heel even te zien, zodat ik kon zeggen dat het me spijt.' Een andere vrouw schreef: 'Twaalf jaar geleden vertelde ik mijn zoon dat ik niets meer met hem te maken wilde hebben. Nu vraag ik me af of ik daar wel goed aan gedaan heb. Ik voel me zo alleen en hij is de enige familie die ik heb.' In een brief van een man stond deze opmerking: 'Ik heb twintig jaar geleden min of meer de band met mijn familie doorgesneden. Mijn familie was niet perfect, maar ik moet toegeven dat ik het hoofdprobleem was. Ik wilde graag weer contact met hen, maar ze hebben me laten weten dat ze geen interesse hebben.'

Deze mensen (en honderden anderen die ik zou kunnen aanhalen) vertellen elk een iets ander verhaal, maar de kern van het probleem is hetzelfde: een gebroken relatie die nooit is hersteld. En ze hebben nóg iets gemeenschappelijk: spijt – spijt om wat er gebeurd is, spijt vanwege de jaren die verloren gingen, spijt omdat de tijd voor herstel voorbij is.

Zorg dat je aan het einde van je leven niet met spijt achterom hoeft te kijken, vanwege een pijnlijke situatie die vergeven had kunnen zijn of een relatie die hersteld had kunnen worden – als je het initiatief maar had genomen en de eerste stap had gezet. Waarom doen we dat eigenlijk niet? Vaak uit trots. We willen niet toegeven dat we het mis hadden of dat we op z'n minst een aandeel hadden in het veroorzaken van de breuk. Soms komt het omdat we bang zijn om afgepoeierd te worden of omdat we bang zijn voor nog meer pijn. Maar wat de reden ook is, laat je er niet door weerhouden pijn en conflicten uit het verleden op te willen lossen.

Het is natuurlijk niet altijd mogelijk om een gebroken relatie te herstellen. Sommige mensen weigeren pertinent om zich te verzoenen met iemand die hen heeft gekwetst of die zij hebben gekwetst. Sommige mensen weigeren ook de verantwoordelijkheid op zich te nemen voor wat ze hebben gedaan en geven altijd een ander de schuld voor wat er gebeurd is. In die gevallen kun je hun problemen niet oplossen – maar je kunt wel de jouwe oplossen door bereid te zijn de tweede mijl te gaan. Probeer je te verzoenen met iemand die zich tegen je heeft gekeerd. 'Streef ernaar in vrede te leven met allen en leid een heilig leven…' (Hebreeën 12:14). 'Stel, voor zover het in uw macht ligt, alles in het werk om met alle mensen in vrede te leven' (Romeinen 12:18). Niet in alle gevallen is vrede mogelijk, maar we moeten er wel naar streven.

Vraag God of Hij jouw nalatenschap wil verrijken met een vergevingsgezinde geest. Niet alleen om je met anderen te verzoenen, maar ook om aan degenen die na je komen een voorbeeld na te laten van de vergeving en genade van Christus. Dat is niet gemakkelijk. Daar is veel overdenking, wijsheid en gebed voor nodig. Maar het zal één van de belangrijkste dingen zijn die je ooit zult doen.

Bijna thuis met een blijvende erfenis

Vergeving is één van de mooiste woorden die er bestaat en ze wordt het best geïllustreerd door Gods vergeving van onze zonde. Wanneer een kind van God vergeving schenkt aan zijn medemens, maakt hardvochtigheid plaats voor zachtmoedigheid. In het leven van Jozef vinden we hier een prachtig voorbeeld van, toen hij zijn broers vergaf dat ze hem als jongeman aan slavenhandelaren verkochten. Jozef stelde zijn broers gerust door te verklaren dat zij hun jongere broer weliswaar kwaad hadden willen doen, maar dat God dit ten goede had gekeerd. Jozef werd immers gebruikt om velen te redden tijdens de hongersnood die het land teisterde (zie Genesis 50:20). Vanwege de vergeving die Jozef tentoonspreidde, werd hij tot op hoge leeftijd door God gezegend. In de Bijbel staat: 'Hij zag Efraïms kleinkinderen nog, en ook de geboorte van de kinderen van Machir, de zoon van Manasse, maakte hij nog mee' (Genesis 50:23). Wat een erfenis! De kleinkinderen en achterkleinkinderen van deze geloofsheld genoten van het samenzijn met hun grootvader Jozef. Als het ons niet eens lukt om onze eigen bloedverwanten te vergeven, hoe kunnen we deze eigenschap van Christus dan in praktijk brengen tegenover anderen en ook nog verwachten dat God ons zegent?

De Bijbel noemt het een grote zegen wanneer we de kinderen van onze kinderen mogen zien (zie Psalm 128:6). Begrijpen we ten volle de zegeningen die uit Gods hand komen? Laten we als Christus zijn en zo ons gezin tot zegen zijn.

8.

Een blijvend fundament

Laat ieder erop letten hoe hij bouwt, want niemand kan een ander fundament leggen dan er al ligt – Jezus Christus zelf.
1 KORINTIËRS 3:10-11

God begraaft zijn werklieden, maar zet zijn werk voort.
CHARLES WESLEY

Jonge mensen staan er zelden bij stil dat ze zelf ook ouder worden. Ze worden meegesleept door hun avontuurlijke leven, dat vol hoop en dromen voor de toekomst is. Ik weet nog hoe het was. In de late jaren dertig was ik een negentienjarige student aan het Florida Bijbelinstituut (dat nu Trinity College heet), in een buitenwijk van Tampa. Samen met een paar andere studenten leerde ik een oude evangelist kennen die Judson W. Van DeVenter heette. Hij had samengewerkt met J. Wilbur Chapman (die had gereisd en gepredikt met D.L. Moody en later mentor was van Billy Sunday). Meneer Van DeVenter gaf ons les in hymnologie en heeft veel bekende liederen geschreven, zoals *I Surrender All* (alles leg ik neer) en *Saved Through Jesus' Blood* (gered door het bloed van Jezus).

Meneer Van DeVenter had een aantal sinaasappelboomgaarden in Florida. Toen hij niet meer kon werken, hielpen de jongens van school met fruit plukken, voordat de vorst zou intreden. We zorgden zo een beetje voor de oude evangelist. Ik weet nog hoe dankbaar hij was dat die jonge mannen hem een handje hielpen. Hij profiteerde van ons werk en wij leerden van zijn voorbeeld, hoewel we dat toen misschien niet beseften. Dat soort ervaringen draagt bij aan het fundament van het leven.

J.W. Van DeVenter overleed in 1939 op vierentachtigjarige leeftijd, in Temple Terrace, Florida. Als energieke bijbelstudent kon ik me niet voorstellen zo oud te worden en zoveel verzorging nodig te hebben als hij. Hij leek maar weinig dingen zelf te kunnen. Nu ik tweeënnegentig ben, heb ik des te meer bewondering voor meneer Van DeVenter. Hoe meer we zelf van anderen afhankelijk worden, hoe meer respect we voor anderen krijgen. Terugkijkend op de tijd dat we voor meneer Van DeVenter zorgden, ben ik extra dankbaar voor degenen die tegenwoordig zo liefdevol voor mij zorgen. Ik moedig hen aan op de weg die ze gaan. In mijn situatie als oude man kan ik alleen maar hopen dat ik daarin weer een voorbeeld ben voor degenen die na mij komen.

Voor diegenen onder ons die bijna thuis zijn: we lopen misschien niet meer zo hard, maar dat betekent niet dat we geen doel hebben. Jongere generaties vergezellen ons op onze laatste mijl. Wat zegt ons dat? Dat we nog steeds de weg wijzen. Maar doen we dat zegevierend? Effenen we de baan voor hen die in ons voetspoor treden? Misschien moeten we onszelf eens afvragen: Is ons voorbeeld het navolgen waard? Het antwoord is ja, als wij in het voetspoor van Jezus Christus treden en ons leven gebouwd is op Christus de rots. Alleen Hij neemt onze zorgen weg en maakt onze lasten lichter.

Een wankel of een stevig fundament

Niemand ontkomt aan moeilijkheden in het leven. Sommigen hebben zelfs al jong te kampen met een slechte gezondheid. Anderen waren rijk, maar zijn alles kwijtgeraakt. Weer anderen zijn op zoek naar liefde, maar worden keer op keer afgewezen. Zonder een stevig fundament is de last van het leven zwaarder. God heeft voor iedereen een plan en Hij wil dat we op Hem bouwen. Hij is het fundament dat door Hemzelf gelegd is. Het Woord spreekt van ambachtslieden die het werk van hun handen met spijkers vastzetten '...zodat het niet omvalt' (Jesaja 41:7). Toen de handen van Christus met spijkers werden doorboord en aan het kruis werden genageld, werd Hij ons onwankelbare fundament. D.L. Moody zei eens: 'Geef je leven aan Christus. Hij kan er meer mee doen dan jij.'

Onlangs hoorde ik over een gezin dat enkele jaren geleden een huis had gebouwd in de Appalachen, niet ver bij ons vandaan. De bouwplek lag tegen een heuvel, met prachtig uitzicht over de vallei en een bergketen in de verte. Nadat ze de bouwtekeningen klaar hadden en een aannemer hadden uitgekozen, verliep het project volgens plan en een aantal maanden later was hun nieuwe huis klaar. Ze waren verrukt over het resultaat en al snel hadden ze hun droomhuis betrokken.

Maar na ongeveer een jaar veranderde hun droom in een

nachtmerrie. Het eerste teken dat er iets mis was, was een lichte verzakking van de grond rond een bepaald deel van de fundering. Naarmate de tijd verstreek, verzakte er steeds meer grond en kwamen er barsten in de muren van het huis. Ze maakten zich ernstig zorgen en schakelden een bouwkundig ingenieur in. Deze ontdekte dat een deel van het beton voor de fundering over een kuil was gestort waar allerlei puin in lag – oude boomstammen, losse stenen, zelfs hout dat over was van de bouw. Door het rotten van dat hout zakte de grond weg en begonnen de muren te verschuiven, waardoor het hele huis gevaarlijk wankel werd. Of het nu door onwetendheid of door onachtzaamheid kwam, de aannemer had hun huis op een slechte fundering gebouwd. Er ging veel tijd en geld zitten in het herstellen van zijn fout.

Net zoals dit huis een stevige fundering nodig had, hebben ook wij een stevig fundament voor ons leven nodig – een onveranderlijk geheel van overtuigingen, doelen en morele waarden, dat ons ook in de stormen van het leven stabiliteit en zekerheid geeft. Welke leeftijd we ook hebben, door niets zijn we beter op de toekomst voorbereid dan door een solide moreel en geestelijk fundament dat is gebaseerd op Gods wil voor ons leven.

Terwijl ik dit hoofdstuk nakeek, werd de wereld opgeschrikt door een aardbeving met een kracht van negen op de schaal van Richter, die delen van Noord-Japan verwoestte en een enorme tsunami veroorzaakte. Dit had de dood van duizenden mensen en zelfs een lichte verschuiving van de aardas tot gevolg. Het lijden en verlies dat de overlevenden trof, raakte me enorm. Mijn eerste reactie was om voor hen te bidden en God te vragen hoe we hen konden helpen. Mijn zoon Franklin ging onmiddellijk naar het getroffen gebied. Hij begon samen met Japanse kerken hulp te verlenen aan mensen waarvan het leven door de ramp overhoop gegooid was.

Ik kon alleen maar denken aan die mensen die nu alles kwijt waren geraakt. Ze dachten dat hun huizen op een stevig fundament waren gebouwd. Omdat er in dat gebied wel vaker aardbevingen voorkwamen, hadden velen waarschijnlijk zelfs extra maatregelen getroffen. Maar toen de grond plotseling onder hun voeten begon te schuiven en de enorme vloedgolven over hun land raasden, begaven die funderingen het. Het werd één van de grootste natuurrampen uit de recente geschiedenis.

Dergelijke verschrikkelijke gebeurtenissen herinneren ons eraan wat er kan gebeuren als we ons leven op het verkeerde fundament bouwen – een fundament dat onder normale omstandigheden lijkt te voldoen, maar niet bestand is tegen de stormen van het leven. Het tragische is dat veel mensen hier nooit over nadenken en het fundament waar ze hun leven op bouwen nooit eens goed bekijken. Ze gaan ervan uit dat ze op de goede weg zijn en dat hun fundament het altijd zal houden. Voor sommigen bestaat het fundament uit zelfverwennerij, plezier en vermaak. Anderen bouwen op hun financiële succes of maatschappelijke positie. Weer anderen denken dat als ze de juiste persoon maar tegenkomen… of de best betaalde baan te pakken krijgen… dat ze dan voor altijd gelukkig en gerust zullen zijn.

Maar in hun stille momenten vragen ze zich misschien af of dat wel echt waar is. Misschien zal door een persoonlijke crisis – een onverwachte ziekte, een opstandig kind, een financiële terugval – blijken dat hun fundament eigenlijk onstabiel en onbetrouwbaar is. Of misschien verwezenlijken ze eindelijk hun doelen en bereiken ze alles wat ze ooit wilden – om erachter te komen dat ze zich ondanks het succes nog steeds leeg, rusteloos en verveeld voelen. Net als de schrijver van Prediker kunnen ze dan zeggen:

Maar toen nam ik alles wat ik ondernomen had
nog eens in ogenschouw,
alles wat mijn moeizaam gezwoeg me opgeleverd had,
en ik zag in dat het allemaal maar lucht en najagen van wind was…
PREDIKER 2:11

Hun hoop en hun dromen zijn aan gruzelementen. Verward en ontgoocheld vragen ze zich af wat er misging. Misschien is jou dat ook wel overkomen.

Wanneer we op gammele fundamenten bouwen, kunnen we problemen verwachten. Dit geldt in elk geval wanneer we Christus vervangen door andere dingen: we denken in de eerste plaats aan onszelf – onze dromen, onze ambities, onze hoop, onze doelen, ons uiterlijk, onze gezondheid, ons bezit. Dit kan ons zelfs een tijdlang een gevoel van geluk en tevredenheid geven. 'Want,' houden we onszelf voor, 'hier draait het toch om in het leven? Is dit dan niet hoe we moeten leven? Is dit dan niet hoe iedereen leeft – of in elk geval probeert te leven?' Maar vroeg of laat wordt duidelijk hoe wankel het fundament werkelijk is. Dan komen de problemen (die onvermijdelijk zijn), ontstaan er barsten en begint het fundament af te brokkelen. Triest genoeg worden we als de man in de gelijkenis van Jezus '…die zijn huis bouwde op zand. Toen het begon te regenen en de bergstromen zwollen, en er stormen opstaken en er van alle kanten op het huis werd ingebeukt, stortte het in...' (Matteüs 7:26-27).

Waarom kunnen we van geld, succes en plezier geen blijvende voldoening verwachten? Waarom bieden ze geen stevig fundament voor een geslaagd leven, vooral wanneer we ouder worden? Omdat ze voorbijgaan aan één van de belangrijkste realiteiten van het leven: we hebben niet alleen een lichaam, maar ook een ziel. Als we deze realiteit negeren – als we wél ons lichaam voeden, maar onze ziel laten verhongeren – zal ons leven onvolledig en onvervuld zijn. We zullen onvoldoende kracht hebben en onvoorbereid zijn op de onvermijdelijke problemen van het leven. Vroeg of laat zullen de stormen van het leven ons overmeesteren en komen we tot de ontdekking dat we ons leven op een fundament van zand hebben gebouwd.

Desondanks zijn we geneigd om ons bij de voorbereiding op de toekomst alleen te richten op lichamelijke gezondheid en emotioneel geluk. We worden voortdurend bedolven onder boodschappen die ons daarbij bepalen. Volgens beleggingsadviseurs hoeven we alleen maar de juiste investeringen te doen om ons op de toekomst voor te bereiden. Gezondheidsconsulenten vertellen ons dat we de juiste voeding en de juiste vitaminen binnen moeten krijgen en voldoende moeten bewegen. Dán zullen we gezond, gelukkig en geliefd zijn. Via boeken en tv komt er een eindeloze stroom informatie naar ons toe, met producten die ons helpen succes te hebben, de problemen van het leven te overwinnen of de ouderdom op afstand te houden. Cosmeticabedrijven spelen hierop in, door te beweren dat hun producten de klok terugdraaien en ons een jonger uiterlijk geven. Ik las onlangs dat Amerikanen bijna zestig miljard dollar per jaar uitgeven aan anti-verouderingsproducten – een bedrag dat in de nabije toekomst waarschijnlijk elk jaar met tien procent zal stijgen.

Het is natuurlijk niet per se verkeerd om met sommige van deze dingen bezig te zijn. Het is goed om te sparen, en we moeten ook om ons lichaam en onze emotionele gezondheid denken. Maar is dit alles wat we moeten doen om ons op de toekomst voor te bereiden?

Het antwoord is nee. Zelfs het meest gedegen financiële plan en de beste verzorging van ons lichaam zijn niet genoeg om ons overeind te houden wanneer de problemen komen. Ben je tevreden met een dikke bankrekening wanneer je door invaliditeit je vrijheid kwijtraakt of wanneer de dood een geliefde van je wegneemt? Zul je door een blakende gezondheid bestand zijn tegen de stormen van eenzaamheid, verdriet of financiële onzekerheid die ons vaak belagen als we ouder worden? Jezus zei: 'Is het leven niet meer dan voedsel en het lichaam niet meer dan kleding?' (Matteüs 6:25). We hebben meer nodig. Iets wat dieper gaat, dat onwankelbaar is. Iets wat ons door de moeilijke tijden van het leven kan loodsen. We hebben een stevig fundament onder ons leven nodig – een fundament dat ons kracht en stabiliteit zal geven, wat er ook gebeurt. En nu is het moment om dat fundament te leggen.

God wil niet dat we doelloos door het leven dobberen, wanhopig op zoek naar geluk, zekerheid en vrede – zonder die dingen ooit te vinden. Net zo min wil Hij dat we ons leven op een wankel of tijdelijk fundament bouwen. God heeft al gezorgd voor het juiste fundament!

Toen Ruth en ik jaren geleden plannen maakten voor de bouw van ons huis, bood een vriend van ons aan om de bouwplaats te laten inspecteren door een bouwkundige die hij kende. We namen zijn aanbod graag aan. Uit zijn onderzoek bleek dat de grond waarop we wilden bouwen zou kunnen gaan verschuiven als het lange tijd geregend had. Op zijn advies werd de bovenlaag van de grond tot aan het harde gesteente afgegraven en werden heipalen de grond in geboord. Zo zou ons huis stevig en veilig komen te staan. Het bleek de juiste oplossing.

We hebben een fundament nodig dat net zo stevig is als die rotsbodem. En alleen God kan daar voor zorgen. Jezus Christus is de Rots waarop we ons leven moeten bouwen. Wanneer we ons leven aan Hem toevertrouwen en met Hem een relatie opbouwen, ontdekken we dat Hij werkelijk de vaste grond is die we nodig hebben. Elk ander fundament is bedrieglijk. De Bijbel noemt ons '...huisgenoten van God, gebouwd op het fundament van de apostelen en profeten, met Christus Jezus zelf als de hoeksteen' (Efeziërs 2:19-20).

Christus, het vaste fundament

Waarom zouden we ons leven op Christus moeten bouwen? De eerste reden is: om wie Hij is. Jezus Christus was niet alleen maar een groot godsdienstig leraar die pakweg tweeduizend jaar geleden op aarde rondliep. De Bijbel zegt dat Hij veel méér was: Hij was God in een menselijke gedaante. Dat is wat we met kerst altijd vieren – en dat is wat we elke dag zouden moeten vieren. De Bijbel vertelt ons dat God toen iets deed wat jij en ik ons nauwelijks kunnen voorstellen: Hij daalde neer uit de hemel en werd een man. Die man was Jezus, die zowel volledig God als volledig mens was.

Wil je weten hoe God is? Kijk dan naar Jezus, want Hij was God in een menselijke gedaante. In de Bijbel staat: 'Beeld van God, de onzichtbare, is Hij... Want in Hem is de goddelijke volheid lichamelijk aanwezig...' (Kolossenzen 1:15, 2:9). Het bewijs was zijn opstanding uit de dood, die niet alleen zijn overwinning over de zonde, de dood, satan en de hel bevestigde, maar ook zijn goddelijke natuur. Zijn onderwijs is niet slechts het bedenksel van een diepzinnig filosoof of religieus leraar, het is Gods boodschap aan ons. Zijn goede werken waren niet slechts de daden van een bijzonder meelevend individu, ze waren een demonstratie van de liefde en ontferming die God voor ieder van ons heeft.

De tweede reden waarom Christus ons fundament moet zijn, is: om wat Hij voor ons gedaan heeft. Wat we het hardst nodig hebben, is verzoening met God en deel uitmaken van zijn gezin – maar onze zonden maken dit onmogelijk. De zonde maakt scheiding tussen God en ons en brengt ons onder zijn oordeel. Hoe hard we het ook proberen, we kunnen onze zonden niet door onze eigen inspanningen uitwissen. We zijn van God vervreemd en schuldig in zijn heilige ogen. De profeet Jesaja zei: '...jullie wangedrag is het dat jullie en je God uit elkaar heeft gedreven; door jullie zonden houdt Hij zich verborgen en wil Hij je niet meer horen' (Jesaja 59:2). Alleen God kan onze zonden wegnemen. Dat maakte Hij mogelijk door zijn Zoon naar de wereld te sturen om voor ons te sterven. Omdat Jezus Christus goddelijk was, was Hij zonder zonde. Maar aan het kruis werden al onze zonden op Hem gelegd. Door zijn dood nam Hij het oordeel en de hel die wij verdienden op zich. Hij deed voor ons wat wij nooit voor onszelf zouden kunnen doen. En nu biedt Hij ons het geschenk van vergeving en eeuwig leven aan, als we Hem aannemen. Paulus herinnert ons hieraan: 'Het loon van de zonde is de dood, maar het geschenk van God is het eeuwige leven in Christus Jezus, onze Heer' (Romeinen 6:23). God biedt jou het geschenk van redding aan – zonder dat het je iets kost, omdat Jezus Christus de prijs er al voor heeft betaald.

Als we ons tot Hem wenden en onze redding alleen van Hem verwachten, vergeeft God onze zonden en worden we voor altijd met Hem verzoend. Door zijn Heilige Geest komt Hij ook in ons binnenste wonen en Hij adopteert ons als zijn zoon of dochter in zijn gezin. En omdat we nu al van Hem zijn, zullen we ooit bij Hem in de hemel zijn. Intussen is Hij elk moment van de dag bij ons, tot en met het allerlaatste stuk van onze aardse reis.

Het is nooit te laat om je leven op het fundament van Jezus Christus en op zijn wil voor je leven te bouwen, 'want niemand kan een ander fundament leggen dan er al ligt – Jezus Christus zelf' (1 Korintiërs 3:11). Is Hij het fundament van je leven?

De belangrijkste beslissing van het leven

Het eerste wat een aannemer doet wanneer hij daadwerkelijk begint te bouwen, is het leggen van de fundering. Hij weet dat als hij die stap overslaat, of niet correct uitvoert, het gebouw een ernstig mankement zal hebben en gewoonweg niet zal blijven staan – hoe mooi of indrukwekkend het er aan de buitenkant ook uitziet. Vroeg of laat zal het verzakken en instorten.

Maar voordat hij begint te bouwen of zelfs maar naar het bouwterrein toegaat, moet er nog iets anders gebeuren. En dat is het nemen van een beslissing – waar de eigenaar zich persoonlijk toe verplicht – om het gebouw te bouwen. En dit moet ook onze eerste stap zijn. We willen allemaal een gelukkig leven, waarin we niets tekort komen. We willen allemaal een stevig en blijvend fundament onder onze voeten. Maar met *willen* alleen komen we er niet! We moeten een beslissing nemen – ons persoonlijk toewijden aan Jezus Christus en zijn wil voor ons leven.

Heb jij je leven aan Jezus Christus toegewijd? Probeer je je leven op Hem te bouwen, hoe jong of oud je ook bent? De belangrijkste beslissing die je ooit zult nemen, is dat je je leven aan Christus geeft en zijn volgeling wordt. Wacht niet tot de stormen van het leven op je in beginnen te beuken. Dan kan het te laat zijn. Stel nu je leven en je hart voor Hem open. '... Nu is de tijd daarvoor gekomen, nu is de dag van de redding' (2 Korintiërs 6:2).

Als je Jezus Christus nog nooit hebt gevraagd om in je leven te komen, of als je niet zeker weet of je gered bent, nodig ik je uit om *nu* stil te staan en Hem te vragen in je leven te komen, je te vergeven en je te redden – en Hij zal het doen. Om je met deze beslissing te helpen, wil ik je aanraden het volgende gebed te bidden (of een gebed in je eigen woorden, met soortgelijke inhoud):

O God, ik weet dat ik een zondaar ben. Ik heb spijt van mijn zonden en ik wil ze niet meer. Ik vertrouw Jezus Christus als mijn Redder, ik belijd Hem als mijn Heer en ik vraag Hem om vandaag in mijn leven te komen. Vanaf dit moment wil ik Hem tot fundament van mijn leven maken en Hem dienen en volgen in de gemeenschap van zijn kerk. Dat bid ik in de naam van Christus. Amen.

Als je dit gebed oprecht gebeden hebt, heeft God geluisterd en je vergeven – en ben je nu voor altijd zijn kind. Ook heb je de eerste stap gezet om je leven op een stevig fundament te bouwen – een fundament dat het niet alleen je hele leven zal uithouden, maar voor eeuwig. En door je toewijding zul je de morele en geestelijke kracht ontvangen die je nodig hebt om de uitdagingen van de toekomst het hoofd te bieden.

Bijna thuis met een stevig fundament

Met de woorden die J.W. Van DeVenter in 1896 neerschreef, komt tegelijk het fundament van het christelijke leven in mijn gedachten:

All to Jesus, I surrender; (Alles leg ik neer bij Jezus;)
All to Him I freely give; (vrijwillig geef ik alles aan Hem;)
I will ever love and trust Him, (ik zal altijd van Hem houden en Hem vertrouwen,)
In His presence daily live. (en elke dag in zijn nabijheid leven.)

Op het moment dat we ons persoonlijk aan Jezus Christus overgeven en Hem aannemen als Heer en Redder, draagt Hij ons op om in zijn voetspoor te treden. Hij geeft ons moed en kracht om Hem te volgen en in zijn nabijheid te leven.

Ouderen kunnen moed putten uit de levensbeschrijvingen die in het Woord staan en uit de basis die is gelegd door hen die ons zijn voorgegaan. De Bijbel spreekt niet gering over de ouderdom, maar benadrukt haar waarde en bijdrage. We zouden er goed aan doen om net zo wijs te willen worden als zij die Gods waarheid hebben doorgegeven.

Voordat Jozua op honderdtienjarige leeftijd stierf, riep hij iedereen die hij geleid had bij elkaar en herinnerde hij hen aan vroeger tijden: hun ongehoorzaamheid en bekering, en Gods vergeving en trouw. Hij deed een uitspraak die nu, duizenden jaren later, in huizen over de hele wereld aan de muur hangt: 'Maar ik en mijn huis, wij zullen de HERE dienen!' (Jozua 24:14, NBG).

Wij ouderen moeten ons in de avond van ons leven niet terugtrekken, maar het met Jozua uitroepen: '...richt u volledig op de HEER...' (Jozua 24:23). Wellicht reageren zij die ons zien en horen dan net als de toehoorders van Jozua, die zeiden: '... We zullen de HEER, onze God, dienen en gehoorzamen' (Jozua 24:24). De Bijbel zegt dat Jozua en de oudsten '...wisten van al de daden van de HEERE, die Hij voor Israël verricht had' (Jozua 24:31). Je stem is misschien niet meer zo krachtig, maar je geest wel. Laat die geest anderen eraan herinneren dat Gods liefde diep zal wortelen in het hart van iedereen die naar het levende water verlangt.

9.

Sterke wortels

Zoals u dan Christus Jezus, de Heere, hebt aangenomen, wandel in Hem, geworteld en opgebouwd in Hem, en bevestigd in het geloof.
KOLOSSENZEN 2:6-7, HSV

Iedereen die niets meer leert, is oud, of hij nu twintig of tachtig is.
HENRY FORD

Onze cultuur wordt niet gestuurd door wat oud is of nieuw, maar door het nieuwste van het nieuwste. De wereld van de hightech verandert razendsnel. We doen ons best om alles bij te houden, maar lukt dat eigenlijk wel? Onlangs werd in een persconferentie de nieuwe iPad aangekondigd. Voordat de presentatie ten einde was, liet de producent van het product al weten dat er een nieuwere versie in aantocht was. Het valt niet mee om het allernieuwste en het allerbeste bij te houden.

Dit steeds hogere tempo van vernieuwingen is niet gemakkelijk, vooral voor ouderen. Mijn generatie heeft de overgang meegemaakt van de T-Ford naar de 'i-Wat-dan-ook' (de iPhone, iPod, iPad, iMac, enzovoort). We hebben geleerd om goed voor onze spullen te zorgen en ze dan door te geven aan jongeren, in de hoop dat ook zij zouden koesteren wat van waarde was. Maar de jeugd is gewend om het ene snufje te verruilen voor een volgend snufje, dat er misschien hetzelfde uitziet, maar iets heeft wat je niet kunt zien: meer geheugen. In een wereld die al verdrinkt in een overvloed aan informatie, vergroten technische bedrijven voortdurend de geheugencapaciteit. Gebruikers vinden het prachtig om het oude weer te kunnen vervangen door iets nieuws. Intussen klampen wij ouderen ons vast aan de herinneringen die we in een heel leven hebben verzameld, bang dat we het anker dat ons vasthield, de vuurtoren die ons richting gaf en het Woord van God dat ons tot rust bracht, zullen vergeten.

Een succesvolle producent van technische accessoires schreef op zijn website: 'We worden door zo veel techniek omringd, dat we bijna zouden vergeten waar onze wortels liggen.'[9] Dat is een hele bekentenis. En het klopt nog ook. Mensen kunnen zo druk zijn om op de hoogte te blijven van de laatste ontwikkelingen, dat het contact met hun medemens erbij inschiet. Technologie kan relaties vervlakken en de realiteit van het leven overschaduwen. Deze groeiende afstand tussen mensen wordt meestal sterker ervaren door ouderen, vooral in relatie tot jongeren. Ik moedig grootouders aan om steeds te blijven zoeken naar creatieve manieren om met hun kleinkinderen contact te houden. De oudste generatie heeft wel last van vergeetachtigheid, maar heeft ook een veel grotere concentratieboog dan de jongere generaties. Laten we hun het goede voorbeeld geven en hun leren dat wortels belangrijk zijn. Het is onze taak hen op te bouwen: 'Bemoedig elkaar daarom, en bouw de één de ander op...' (1 Tessalonicenzen 5:11).

Jongere generaties hebben meer last van verveling dan mijn generatie. Voor ons bleef iets nieuws veel langer nieuw en waardevol. Maar uiteindelijk gaat het nieuwe eraf. Het gekoesterde huiltje van een pasgeboren baby wordt voor de ouders al snel tot een vervelend gejengel. De eerste stapjes van een peuter, die eerst werden toegejuicht omdat het kind leerde lopen, worden al gauw als lastig ervaren vanwege de vele gevaren die dit lopen oplevert. De wijze koning Salomo schreef al:

...Het oog wordt niet verzadigd van zien,
het oor wordt niet vol van horen...
Er is niets nieuws onder de zon.
Is er iets waarvan men kan zeggen:
Kijk eens, dat is nieuw?
In de eeuwen die voor ons geweest zijn,
is het er al geweest.
PREDIKER 1:8-10

Hoewel we allemaal op één of andere manier profiteren van moderne techniek, vraag ik me af hoe de wereld eraan toe zou zijn als we plotseling geen elektriciteit meer hadden. Zouden jongere generaties weten hoe ze gewassen moesten verbouwen om hun gezin te voeden? Zouden ze weten hoe ze het anker moesten uitgooien om de vangst af te wachten? Zouden ze weten hoe ze door hard werken konden overleven? Nieuw is goed. Oud is noodzakelijk.

De Bijbel heeft heel wat te zeggen over oude en nieuwe dingen. '...ik houd u in deze brief geen nieuw gebod voor maar een oud, dat u vanaf het begin bekend is. Dat oude gebod is de boodschap die u gehoord hebt' (1 Johannes 2:7). In deze tekst herinnert Johannes zijn lezers eraan dat ze bewijzen God te kennen wanneer ze het gebod opvolgen dat Hij hun lang geleden, 'vanaf het begin', gegeven had. Dan wordt de liefde van God ten volle werkelijkheid in degene die zich eraan houdt (zie 1 Johannes 2:5). Alles 'vanaf het begin' is oud, ook Gods liefde, die er al was voordat de tijd begon. Toen de mens de onbeschrijflijke liefde van God de Schepper niet kon doorgronden, stuurde Hij liefde naar de aarde, in de gedaante van zijn Zoon, de Heer Jezus Christus. Onze verlossing is geworteld in Jezus' offer van zichzelf, zodat wij stevig staan.

Van zaadje tot plant

Alles wat je wilt verbouwen, heeft tijd nodig. Er is voorbereiding nodig. En toewijding. Het geeft voldoening wanneer je de aarde bewerkt, zaadjes erin strooit, de grond besproeit, en ziet hoe de zon uiteindelijk een plantje uit de aarde omhoog doet spruiten. Het is ook bevredigend om een stuk grond vrij te maken om daar iets op te bouwen. Een stopwatch kan al die maanden niet registreren die voorafgaan aan het resultaat. Geduld is zeldzaam geworden. Honderd jaar geleden werd de tijd bijgehouden met een zandloper. Als tegenwoordig het symbooltje van de zandloper langer dan vijf seconden op het beeldscherm van de computer staat, veroorzaakt dit stress bij de student of de manager, die geen tijd hebben om rustig na te denken.

Ik heb altijd bewondering gehad voor mensen die met hun handen werken. Toen een vriend van mij jaren geleden met pensioen ging, zochten hij en zijn vrouw een geschikte plek om te wonen. Een voorwaarde was dat er ruimte was voor een werkplaats voor houtbewerking. Tot op de dag van vandaag maakt hij prachtige kommen en kandelaars uit oud hout, dat hij vindt op zijn wandelingen in de naburige bossen.

'Welk hout gebruik je het liefst?' vroeg ik hem eens.

'Ik denk het hout van de bomen die op de bergtoppen van de Appalachen groeien,' antwoordde hij.

'Waarom?'

'Vanwege het harde klimaat groeien die bomen heel langzaam,' antwoordde hij. 'Daardoor is het hout hard en compact, en moeilijk te bewerken. Maar alles wat je ervan maakt, gaat lang mee en is heel mooi.'

Zijn antwoord verbaasde me, want ik was al vaak langs dat soort onvolgroeide en kromme bomen gewandeld. Ze hadden grillige vormen door de harde en koude wind die regelmatig om de pieken van de berg Mitchell joegen, het hoogste punt van de Verenigde Staten ten oosten van de Mississippi, een kilometer of twintig bij mijn woonplaats vandaan. Maar toen hij me een kistje liet zien dat hij uit deze houtsoort gesneden had, begreep ik dat iets wat ooit lelijk en verweerd was, door een meesterhand in iets heel moois kon worden veranderd. Ik vroeg of hij me een stuk van het ruwe hout kon laten zien.

'Op dit moment heb ik dat niet. Dat soort bomen hak ik namelijk niet om. Ik wacht tot ze omvallen en dan neem ik ze mee en maak ik er iets moois van.'

Net als die bomen op die winderige bergruggen worden ook wij vaak geplaagd door stormen – de stormen van het leven. En net als die bomen hebben we diepe wortels nodig. Wortels die ons van geestelijke voeding voorzien, zodat er een vast geloof in ons groeit, en die ons overeind houden wanneer de beproevingen van het leven ons heen en weer slingeren.

In de afgelopen jaren hebben ons land en onze wereld de ene rampzalige storm na de andere te verduren gehad. In 2010 heb ik mijn boek *Storm Warning*[10] herzien en up to date gemaakt om mensen bewuster te maken van wat de Bijbel te zeggen heeft over stormen in de wereld, stormen in ons leven en stormen die nog zullen komen. Als we ouder worden, krijgen we met stormen te maken die we nooit hadden verwacht. Maar met Gods hulp en door zijn genade kunnen we de wind trotseren.

Het is geen toeval dat de Bijbel ons met bomen vergelijkt en ons aanspoort om diepe en sterke geestelijke wortels te krijgen. De psalmist schreef dat de rechtvaardige zal zijn als een boom die aan stromend water is geplant en op tijd vrucht draagt (zie Psalm 1:3). Maar een boom is niet altijd boom geweest. Hij begon als een klein zaadje, dat op een gegeven moment ontkiemde en een plantje werd. Als de omstandigheden goed waren, groeide dat kwetsbare plantje uit tot een boompje en uiteindelijk tot een volwassen boom.

In het geestelijke leven gaat het net zo. Het begint met een zaadje – het zaad van Gods Woord, dat in onze ziel wordt geplant en op een bepaald moment ontkiemt en een nieuw plantje wordt. Maar net als bij een boom is het niet de bedoeling dat dit geestelijke plantje altijd een plantje blijft! Het is de bedoeling dat het groeit en sterk en volwassen wordt. En dat het vruchten voortbrengt waar God zich over verheugt. De Bijbel illustreert dit ook op een andere manier. Wanneer we tot Christus komen, zegt de Bijbel, zijn we als pasgeboren baby's – vol leven, maar hulpeloos, zwak en kwetsbaar voor allerlei gevaar. Maar het is niet de bedoeling dat een baby altijd zo blijft. Kinderen behoren te groeien en uiteindelijk volwassen te worden – niet langer hulpeloos, zwak en kwetsbaar, maar in staat om voor zichzelf te zorgen en een volwaardig, productief leven te leiden.

Ook geestelijk gaat dat op die manier. Wanneer we tot geloof in Christus komen, worden we opnieuw geboren – dat wil zeggen dat God, onze hemelse Vader, door zijn Heilige Geest in ons hart werkt om ons een nieuw leven te geven als zijn kind (zie Johannes 3:1-17). Maar het is niet de bedoeling dat we geestelijke kinderen blijven, zwak en kwetsbaar voor elke verleiding, twijfel, valse leer of angst. God wil dat we een onwankelbaar geloof krijgen en geestelijk volwassen worden, geworteld in de waarheid van zijn Woord en vastberaden om zijn wil te doen. De Bijbel zegt: '...verlang als pasgeboren zuigelingen naar de zuivere melk van het Woord, opdat u daardoor groeit en uw redding bereikt' (1 Petrus 2:2).

Je leven aan Christus geven is een belangrijke eerste stap – maar het is nog maar de eerste stap. God wil dat je geestelijk volwassen wordt, dat je zult groeien in je relatie met Christus en in je dienst aan Hem. Maar dat kost zowel tijd als inzet. Bekering gebeurt in een moment, voor geestelijke volwassenheid is een heel mensenleven nodig. Het is een reis die uit veel stappen bestaat en die voor iedereen het hoogste doel zou moeten zijn. Geldt dat ook voor jou?

Meer op Hem gaan lijken

Wat is geestelijke volwassenheid? Om het anders te zeggen: wat wil God in ons leven doen? Wat wil Hij in jouw leven doen?

Het antwoord dat de Bijbel geeft, kun je in één zin samenvatten: God wil dat we meer en meer op de Heer Jezus Christus gaan lijken. Hij wil ons van binnenuit veranderen, door alles weg te nemen wat Hem onteert en het te vervangen door de liefde en zuiverheid van Christus. Door de eeuwen heen was het Gods plan voor ons '...om het evenbeeld te worden van zijn Zoon, die de eerstgeborene moest zijn van talloze broeders en zusters' (Romeinen 8:29). Dit is geestelijke volwassenheid: om steeds meer op Christus te gaan lijken in onze '...liefde, vreugde en vrede, geduld, vriendelijkheid en goedheid, geloof, zachtmoedigheid en zelfbeheersing...' (Galaten 5:22-23).

Zullen we dat doel ooit bereiken? Nee, nooit helemaal. Niet in dit leven. Maar ooit zullen we definitief in Gods nabijheid mogen komen, en dan zullen we volledig verlost zijn van de greep van de zonde. Dan zijn we '...aan Hem gelijk..., want dan zien we Hem zoals Hij is' (1 Johannes 3:2).

En nu dan? Betekent dit dat het geen zin heeft om naar geestelijke volwassenheid te streven? Zeker niet! God wil nú al beginnen ons van binnenuit te veranderen en op Christus te laten lijken. In de hemel zal dat proces voltooid zijn. De macht die de zonde over ons had, zal gebroken zijn en we zullen de hemelse woning beërven die Christus voor ons heeft voorbereid. Wil je weten wat Gods wil voor jou is? Eenvoudigweg dit: meer op Christus te gaan lijken. Zien anderen Christus in jou?

In Gods kracht

Hoe kunnen we een geloof ontwikkelen dat voldoende vaststaat om ons een leven lang te ondersteunen, ook gedurende de onzekerheden en uitdagingen van de ouderdom?

Dit is de sleutel: God wil dat we geestelijk onwankelbaar zijn en daarvoor heeft Hij ons alle middelen gegeven die we nodig hebben. In onszelf zijn we zwak, dus als we proberen de strijd en verleidingen van het leven op eigen kracht aan te gaan, zullen we falen. We hebben Gods kracht nodig om de problemen van het leven aan te kunnen – en die kracht wil Hij ons ook geven. Hij zal ons geloof versterken, als we gebruik maken van de middelen die Hij ons geeft. Hij zal voor sterke wortels zorgen die ons houvast geven. Zoals Petrus ons hielp herinneren: 'Zijn goddelijke macht heeft ons alles geschonken wat nodig is voor een vroom leven, door de kennis van Hem die ons geroepen heeft door zijn majesteit en wonderbaarlijke kracht' (2 Petrus 1:3).

Triest genoeg hebben veel christenen deze waarheid nooit ontdekt. Ze hebben hun leven aan Christus gegeven, ze zijn misschien actief in de kerk, zo nu en dan bidden ze en lezen ze de Bijbel – maar als de verleidingen en teleurstellingen komen, blijken ze geestelijk onvolwassen en zwak. De Bijbel waarschuwt ons ervoor hoe gevaarlijk het is om in geestelijk opzicht een kind te blijven: '...onmondige kinderen... die stuurloos ronddobberen en met elke wind meewaaien, met wat er maar verkondigd wordt door mensen die tot alles in staat zijn wanneer ze anderen listig en doortrapt op een dwaalspoor willen brengen' (Efeziërs 4:14).

Misschien zijn we oud in jaren, maar als ons geloof onvolwassen is, beginnen we onvoorbereid en angstig aan die laatste jaren. Zo hoeft het niet te gaan. Net zoals een baby voeding en beweging nodig heeft om te kunnen groeien, zo hebben wij de geestelijke voeding en 'beweging' nodig die God ons biedt. Zonder die elementen is ons geloof zwak, maar mét die elementen neemt onze geestelijke kracht toe en zijn we beter voorbereid op alles wat het leven voor ons in petto heeft.

Hoe worden we sterker in ons geloof? Welke geestelijke bronnen heeft God ons hiervoor gegeven? Laten we die gaven eens nader bekijken.

De gave van Gods Woord

Een flink aantal jaren geleden ging Ruth bij één van onze dochters op bezoek. Ze had het plan opgevat om een eenvoudige kabelbaan voor de kleinkinderen te maken. Avontuurlijk als altijd, bond ze een stevig touw vast dat schuin van de ene boom naar de andere boom liep. Om de baan uit te proberen, klom ze in de boom waar het touw het hoogst was, pakte de handgreep (gemaakt van een stuk buis), en liet zich naar beneden glijden. Maar het touw brak, waardoor ze bijna vijf meter naar beneden viel. Ze brak verschillende botten, kneusde een wervel en liep een ernstige hersenschudding op, waardoor ze een week in coma lag. Tijdens haar langzame herstel merkte ze dat ze grote delen van haar geheugen kwijt was. Ook alle bijbelteksten die ze sinds haar jeugd uit het hoofd had geleerd. 'Dat was het ergste,' zei ze later. 'De Bijbel betekende zo veel voor me en mijn hele leven was het mijn gids geweest. En nu kon ik me niet eens één tekst herinneren. Ik was er kapot van.' Ik begreep haar verdriet. Als het mij was overkomen, had ik me net zo gevoeld. Gelukkig kwam haar geheugen na verloop van tijd grotendeels terug, met inbegrip van de bijbelteksten, die ze door de jaren heen had geleerd – zij het stukje bij beetje.

Waarom was de Bijbel zo belangrijk voor haar? En waarom zou dat ook voor ons zo moeten zijn? De reden is eenvoudig:

de Bijbel is Gods Woord, dat Hij ons gaf om de waarheid te kennen en te weten hoe we moeten leven. De Bijbel zegt:

...Ik ben de HEER, jullie God,
die jullie onderricht in je eigen belang,
die jullie leidt op de weg die je gaat.
Jesaja 48:17

De Bijbel is niet iets waar je wel of niet voor kunt kiezen. Als we in Hem geworteld willen zijn, is het een noodzakelijkheid.

Hoe helpt de Bijbel ons om geestelijk verder te komen? Ten eerste wijst hij ons op de waarheid – over God, over onszelf, over de wereld om ons heen, over de toekomst, en vooral: over Jezus Christus en zijn liefde voor ons. Alleen Jezus, de vleesgeworden Zoon van God, kon zeggen: '...Ik ben de weg, de waarheid en het leven. Niemand kan bij de Vader komen dan door Mij... Wie Mij gezien heeft, heeft de Vader gezien...' (Johannes 14:6,9). Het christelijk geloof is niet zomaar een persoonlijke mening of een op niets gebaseerde vorm van optimisme. Het is geworteld in de onveranderlijke waarheid van God, die ons op de bladzijden van zijn geschreven Woord geopenbaard is. De Bijbel is de constante regen die de wortels van ons geloof van water voorziet. Het is de inspiratiebron waar we dagelijks uit drinken.

De Bijbel voedt vervolgens onze groeiende wortels met principes voor ons leven. Elke dag staan we voor nieuwe beslissingen – onbeduidende, maar ook heel belangrijke (hoewel we dat soms op het moment zelf niet beseffen). Hoe weten we met zekerheid of we de juiste beslissingen nemen? Door bijbelse principes toe te passen. De psalmist herinnert ons eraan:

'Hoe kan wie jong is zuiver leven? Door zich te houden aan uw Woord' (Psalm 119:9). De wereld heeft haar eigen waarden en doelen: zelfzucht, succes, genot, zekerheid, trots, enzovoort. Maar deze zijn bedrieglijk en zullen ons nooit de blijvende zekerheid en vrede geven die we zoeken.

In zijn gids geeft God ons een heel ander pakket waarden en doelen. En hierin staat Christus in het middelpunt, en niet wijzelf. De Bijbel leert ons om zonde en zelfzucht te ontvluchten, en in plaats daarvan ons leven te baseren op '...rechtvaardigheid, vroomheid, geloof, liefde, volharding en zachtmoedigheid' (1 Timoteüs 6:11). De Bijbel geeft ons ook praktische wijsheid voor het dagelijks leven. Het is ons leerboek, dat ons laat zien hoe we moeten leven. Ik heb jaren de gewoonte gehad om elke dag een hoofdstuk uit het boek Spreuken te lezen, waardoor ik dus elke maand het hele boek doorlas. Spreuken zit vol praktische wijsheid over de meest uiteenlopende onderwerpen: relaties, bezit, familie, spreken, werk, gewoonten, en nog veel meer. '...de wegen van de Heer zijn recht: wie rechtvaardig is verlaat ze niet...' (Hosea 14:9). De Bijbel is op alle terreinen onze autoriteit.

Gods Woord staat van kaft tot kaft vol met beloften – beloften over zijn onveranderlijke liefde, zijn nabijheid, zijn hulp, zijn vrede in roerige tijden. En bovenal belooft de Bijbel ons dat we ooit voor altijd bij God in de hemel zullen zijn, door hetgeen Jezus Christus voor ons heeft gedaan. Leer de beloften van God, vertrouw erop en leef er elke dag naar, want God heeft '...kostbare, rijke beloften gedaan, opdat u zou ontkomen aan het verderf dat de wereld beheerst als gevolg van de begeerte...' (2 Petrus 1:4).

Probeer jij je leven te baseren op de principes en waarden

die God ons in de Bijbel gegeven heeft? Laat je er niet door afschrikken en denk niet dat ze onmogelijk te begrijpen zijn. Zelfs als je maar een paar verzen per dag leest, kan God dit toch gebruiken om je leven om te vormen. Maak gebruik van mogelijkheden om de Bijbel via andere mensen te leren kennen – je voorganger, gerespecteerde sprekers op de christelijke radio, bijbelstudies, conferenties en christelijke boeken. Maar laat deze dingen nooit een vervanging zijn voor je persoonlijke lezen in het Woord van God.

De gave van de Heilige Geest

Wanneer je Jezus Christus aanneemt en je geloof en vertrouwen op Hem stelt, komt God zelf in je wonen. Misschien voel je je niet anders dan anders. Misschien ben je je niet eens bewust van zijn nabijheid. Je kunt er zelfs aan twijfelen of er wel iets met je gebeurd is. Maar dat is wel het geval. God woont nu in jou! Dat doet Hij door zijn Heilige Geest.

Net zoals Jezus volledig God is, zo is ook de Heilige Geest volledig God. Hoewel we Hem niet kunnen zien, is Hij dat deel van God dat in onze wereld actief aan het werk is. Hij is geen onpersoonlijke kracht (zoals de zwaartekracht). Hij is een persoon, net zoals God de Vader en Christus de Zoon personen zijn – dat wil zeggen, ze zijn in hun wezen persoonlijk. (Dat is trouwens ook de reden waarom we de Heilige Geest niet 'het', maar 'Hij' moeten noemen.)

Waarom komt Gods Heilige Geest in ons wonen wanneer we ons leven aan Christus geven? Eén reden is om ons te verzekeren van onze redding. Hoe weten we dat Christus al onze zonden vergeven heeft en ons het eeuwige leven geeft?

We weten dit omdat de Bijbel dit zegt – en de Heilige Geest in ons hart bevestigt dat het waar is. In de Bijbel staat: 'De Geest zelf verzekert onze geest dat wij Gods kinderen zijn' (Romeinen 8:16).

God heeft ons ook de Heilige Geest gegeven om ons te helpen zijn wil te ontdekken. De Bijbel geeft ons beslist richtlijnen voor ons leven, die ons helpen om verkeerde dingen te vermijden en het goede te doen. Maar vaak komen we voor keuzes te staan die allebei goed lijken en waar we toch de juiste uit moeten kiezen. Moeten we van baan veranderen? Ons huis verkopen? Met deze persoon trouwen? Met pensioen gaan? De lijst is lang, want het leven is vol beslissingen. God wil ons leiden in deze beslissingen, omdat Hij van ons houdt en ons wil geven wat het beste voor ons is. Gods belofte is zeker: 'met eigen oren zul je een stem achter je horen zeggen: "Dit is de weg die je moet volgen. Hier moet je rechts. Ga daar naar links"' (Jesaja 30:21). De Heilige Geest verlicht ons verstand en doet ons naar God verlangen. Hij zorgt dat we geestelijke waarheden kunnen begrijpen.

De Heilige Geest is ons ook gegeven om ons in moeilijke tijden te bemoedigen en te sterken. 'De Geest helpt ons in onze zwakheid…' (Romeinen 8:26), en dat gaat niet alleen over hulp bij het bidden. Wanneer er moeilijke tijden komen, kan Hij bijbelgedeelten in onze gedachten brengen die ons verzekeren van Gods liefde en bescherming. Wanneer we door verleidingen worden aangevochten, geeft de Geest ons kracht en moed om onze tegenstander, de duivel, te weerstaan. Paulus bad dat God '…vanuit zijn rijke luister uw innerlijke wezen kracht en sterkte [zou] schenken door zijn Geest' (Efeziërs 3:16).

En ten slotte is de Heilige Geest gekomen om ons van binnenuit te veranderen. God wil ons leven veranderen, zodat we meer op Christus gaan lijken. Het gaat nooit om de vraag hoeveel wij van de Geest hebben, maar om de vraag hoeveel Hij van ons heeft. De Bijbel zegt: 'U moet uzelf niet aanpassen aan deze wereld, maar veranderen door uw gezindheid te vernieuwen...' (Romeinen 12:2). Gebeurt dit in jouw leven?

Probeer de strijd van het christelijke leven niet in je eigen kracht te strijden. Keer je in plaats daarvan nederig en gelovig tot God en vertrouw erop dat zijn Heilige Geest je zal helpen.

De gave van gebed

Sommige mensen zien gebed als een last of een verplichting, maar in werkelijkheid is gebed één van de grootste voorrechten van een kind van God. Denk je eens in: de God van het universum wil dat we elke zorg in gebed bij Hem brengen! Ik heb nog nooit iemand ontmoet die dagelijks bad, regelmatig Gods Woord bestudeerde, een vast geloof had en desondanks langere tijd ontmoedigd was. De Bijbel zegt: 'Wees over niets bezorgd, maar vraag God wat u nodig hebt en dank Hem in al uw gebeden. Dan zal de vrede van God, die alle verstand te boven gaat, uw hart en gedachten in Christus Jezus bewaren' (Filippenzen 4:6-7).

Beantwoordt God altijd onze gebeden op de manier die we zouden willen? Nee, niet per se – en dat heeft Hij ook niet beloofd. Hij heeft het totale overzicht, wij niet. Hij weet wat het beste voor ons is, wij vaak niet. Soms zegt Hij daarom nee, of: niet nu. Maar God heeft wel beloofd dat Hij naar ons luistert wanneer we bidden en dat Hij onze gebeden op zijn tijd en op zijn manier zal beantwoorden: 'Wij kunnen ons vol vertrouwen tot God wenden, in de zekerheid dat Hij naar ons luistert als we Hem iets vragen dat in overeenstemming is met zijn wil'(1 Johannes 5:14).

Onthoud echter dat bidden niet alleen maar is het vragen van dingen die we willen hebben of graag zien gebeuren. Gebed is iets voor elk moment van ons leven, niet alleen voor tijden van lijden of vreugde. Gebed is eigenlijk een plaats: een plaats waar je God ontmoet voor een gesprek van hart tot hart. In een echt gebed is ook plaats voor dankbaarheid en aanbidding voor wie Hij is en voor alles wat Hij doet. De Bijbel vertelt ons in 1 Tessalonicenzen 5:17 dat we onophoudelijk moeten bidden – en niet alleen wanneer we in de problemen zitten of willen dat God iets voor ons doet. Hoe somber en hopeloos een situatie ook mag lijken, houd nooit op met bidden. Bidden zou een levensstijl moeten zijn. We kunnen het ons niet veroorloven niet te bidden omdat we het te druk hebben.

Ik ontvang vaak brieven van invalide en oudere mensen die zeggen: 'Het enige wat ik kan doen is bidden.' Vaak antwoord ik dan: 'Wat een zegen dat u het belangrijkste werk kunt doen.' Ik weet nog wat een bemoedigende gedachte het in de vroege jaren van mijn bediening voor me was, dat ik wist dat mijn moeder thuis voor me bad. Ik werd erdoor gesterkt. En de wetenschap dat mijn moeder voor me bad, hielp me om op mijn taak gericht te blijven en me eraan toe te wijden. We hebben legers van bidders nodig.

De gave van gemeenschap

We zijn niet gemaakt om los en onafhankelijk van elkaar te functioneren, noch als mensen, noch als christenen. In ons leven kunnen we niet zonder andere mensen, en andere niet zonder ons. Dit is vooral zo als we willen groeien in geloof. De Bijbel zegt: 'Laten wij de onderlinge bijeenkomst niet nalaten, zoals het bij sommigen de gewoonte is, maar elkaar aansporen…' (Hebreeën 10:25). Een geïsoleerde christen is onvermijdelijk een zwakke christen, omdat hij of zij geen kracht kan putten uit wat God doet in het leven van medebroeders en -zusters in Christus.

Als je op dit moment geen deel uitmaakt van een kerkgemeenschap, vraag God dan of Hij je naar een kerk wil leiden waar je door bijbels onderwijs en aanbidding kunt groeien in je geloof. De kerk is een opslagruimte van geestelijk voedsel voor onze ziel. Dat is de plaats waar we elkaar kunnen bemoedigen en opbouwen (zie 1 Tessalonicenzen 5:11).

De gave van dienstbaarheid

Net zoals ons lichaam beweging en oefening nodig heeft om sterk te worden, zo moet ook ons geloof 'in beweging blijven' als we geestelijk sterk willen zijn.

Veel mensen weten dat er verschillende rivieren de Dode Zee instromen, maar dat er geen enkele uitstroomt. Daardoor is het zeewater in de loop van de eeuwen zo verzadigd geraakt van mineralen dat er niets in kan leven. Zonder uitweg is het inderdaad een 'dode' zee geworden. Hetzelfde geldt voor ons. Als we het geloof voor onszelf houden, als we het nooit door ons heen laten stromen om anderen te verrijken, als er geen 'uitweg' is, dan zullen we net zo worden als de Dode Zee: levenloos en geestelijk dood.

God wil je precies daar gebruiken waar je bent. Waarschijnlijk kom je elke dag in aanraking met mensen die nooit in een kerk komen, met een voorganger praten of een Bijbel opendoen. Jij bent misschien de brug die God gebruikt om hen bij zijn Zoon, de Heer Jezus Christus te brengen. Iedereen kan dienstbaar zijn, hoe ongeschikt hij of zij zich ook voelt. De grote Mozes zei dat hij niet in staat was om voor God te spreken, omdat hij geen goed spreker was. Misschien had hij een spraakgebrek (zie Exodus 4:10). Dr. Irmhild Bährend, de Duitse redactrice van ons blad *Decision Magazine* en een geweldige vriendin, raakte enige jaren geleden verlamd. Ondanks haar moeilijkheden weerspiegelt haar gezicht haar liefde voor Christus. Ze is dankbaar voor elk bezoek aan haar dokter, therapeut of verzorger, want, zo vertelt ze onze gemeenschappelijke vrienden: 'Als ik niet in deze rolstoel zat, zou ik het voorrecht niet hebben om hen over Jezus te kunnen vertellen.'

Onwankelbaar

Een jong pruimenboompje leek de perfecte keus: de paarse bladeren pasten mooi bij de rest van het landschap en volgens mijn buurvrouw zou de boom op den duur voldoende schaduw bieden aan de hete oostkant van haar huis. Ze had het mis. Vijf jaar na het planten van de boom stagneerde de groei. Hij had vaak last van ziektes en insecten en, wat erger was, zijn takken hingen zo ver omlaag dat ze bij harde wind de grond raakten. Hoe ze hem ook ondersteunde, de boom kon de elementen niet trotseren. Ze mopperde erover bij een vriend, die de boom kwam inspecteren. Hij ontdekte het probleem: de boom had nooit goed wortel geschoten. Omdat hij dicht bij een afvoerpijp was geplant, hoefde de boom nooit lange wortels te krijgen om water te vinden. Uiteindelijk stierf hij af.

Heel anders ging het met de jonge esdoorn die de buurvouw in diezelfde lente aan de rand van haar grondgebied had geplant. Omdat deze zonder potkluit was geplant, werd het boompje gedwongen om zich uit te strekken naar de zon en naar water. Vijf jaar later was hij groter dan de verkommerde pruimenboom en kerngezond. Het christelijke leven zou zo moeten zijn als de levenscyclus van het esdoornboompje. Nadat onze geloofswortels in de vruchtbare grond van de waarheid zijn geplant, moeten we sterk worden door het begrijpen van Gods Woord, het toegroeien naar de Heilige Geest, het spreken met God in gebed en de gemeenschap met onze broeders en zusters in Christus. Doordat we van deze levensbronnen drinken, krijgen we diepere wortels en dienen we Christus. Alleen met een stevig wortelstelsel zijn we bestand tegen de stormen van het leven en kunnen we de volgende generaties voorbereiden om in ons voetspoor te treden.

Bijna thuis met een volwassen geloof

Sterkere geestelijke wortels krijgen, begint bij Gods Woord. Veel mensen zeggen dat ze in hun jonge jaren te druk waren om de Bijbel te lezen en teksten uit hun hoofd te leren. Voor ze het wisten, waren ze oud en lukte het niet meer om bijbelteksten in te prenten, omdat hun geheugen hen in de steek liet. Dit geldt gelukkig niet voor iedereen. De meesten van ons kunnen wel onthouden wat ze willen onthouden.

Robert Morgan, een goede vriend van ons, schreef onlangs een boekje over het memoriseren van de Bijbel en hij beweert: ‘Ons verstand is één grote bewaarplaats die ontworpen is om de zaden van Gods Woord in op te slaan.' In zijn boek vertelt hij het verhaal van een negenentachtigjarige vrouw in zijn kerk die zei: 'O dominee Morgan, ik ben zo blij dat u ons bijbelteksten uit het hoofd laat leren. Ik ben er al aan begonnen. Zo kan ik mijn hoofd helder en jong houden!'[11] Ik moest glimlachen om het woordje *houden*. Ze had haar hoofd blijkbaar niet oud laten worden. Er is geen betere schat waarmee we ons verstand en hart kunnen vullen dan de schat van Gods Woord.

In het leven van Simeon en Anna kunnen we de vrucht zien van het memoriseren van Gods Woord. Zij zagen hoe Jezus als kind in de tempel werd gebracht (zie Lucas 2:27) en omdat ze de oude profetieën van het Oude Testament kenden, en geloofden dat er in Israël een Redder geboren zou worden, kon de Heilige Geest aan hen in hun ouderdom openbaren dat dit kind de Christus was. Simeon was een oude man die niet wilde sterven voordat hij wist dat de Redder naar de wereld was gekomen. Hij nam Jezus in zijn armen, zegende Hem en zei: 'Nu laat U, Heer, uw dienaar in vrede heengaan, zoals U hebt beloofd. Want met eigen ogen heb ik de redding gezien die U bewerkt hebt ten overstaan van alle volken…' (Lucas 2:29-31). Anna '…was een weduwe van ongeveer vierentachtig jaar, die… met vasten en bidden God dag en nacht diende… en… over Hem [sprak] tot allen die de verlossing in Jeruzalem verwachtten' (Lucas 2:37-38, HSV). In het verhaal van Simeon en Anna zien we deze gaven van Gods Woord, de Heilige Geest, gebed, gemeenschap en dienstbaarheid allemaal in werking, met opmerkelijke zegeningen tot gevolg. En het was allemaal begonnen toen ze hun hart en hun verstand lieten volstromen met Gods Woord.

Het ontroert me altijd wanneer ik in het Woord lees over het geloof van ouderen. Wordt jouw wortelstelsel, jouw geloof gevoed met de waarheid van God? We kunnen stoppen met onze maatschappelijke baan, maar we moeten nooit stoppen ons te laten vullen met de overvloedige gaven van God die hoop en voldoening brengen.

10.

Toen en nu

Wij weten dat wanneer onze aardse tent, het lichaam waarin wij wonen, wordt afgebroken, we van God een woning krijgen: een eeuwige, niet door mensenhanden gemaakte woning in de hemel.
2 KORINTIËRS 5:1

Het laatste hoofdstuk van het leven kan het mooiste zijn.
VANCE HAVNER

We weten nooit in welke periode of op welke leeftijd we bezig zijn aan het laatste hoofdstuk van ons leven. Sommigen overleven hun geboorte niet. Anderen worden in hun jeugd weggenomen. Velen worden in de kracht van hun leven van deze aarde weggerukt.

Ik had nooit gedacht dat ik mijn lieve Ruth, de vrouw waar ik drieënzestig jaar mee getrouwd was, zou overleven. Ze reisde verder, van dit leven vol onzekerheid naar de plaats waar ze zeker heen zou gaan – die prachtige hemelse horizon en het gezegende gezicht van de Meester, waar ze voor leefde en die ze diende. Het was één van mijn droevigste momenten toen Ruth me voorging in de dood. Ik zag haar op waardige wijze lijden, vol pittige humor en met een zachtmoedige geest, klaar om onze Heer te ontmoeten. Ze heeft me zoveel geleerd over het laatste hoofdstuk van het leven. De wetenschap waar ze is, en bij Wie ze is, en het feit dat ik haar daar gauw zal vergezellen, zijn een enorme troost voor me.

Toen ik in 2005 mijn laatste grote campagne hield, in het Flushing Meadowsstadion van New York, had ik beslist niet kunnen dromen dat ik het twee korte jaren later zonder Ruth zou moeten stellen. Ik geloofde echt dat ik door mijn afnemende gezondheid geen jaren meer te leven had. Ondanks het feit dat we in die zestig jaar, vanwege mijn drukke programma, soms lange perioden niet bij elkaar waren, had ik er nooit over nagedacht dat ik ooit zonder Ruth zou leven. Wanneer ik weg was en ik haar stem door de telefoon hoorde, was ik altijd weer dankbaar.. Dat ik nu zonder haar in ons huis *Little Piney Cove* woon, is eigenlijk meer dan ik kan verdragen. Ware het niet dat ze zo veel van zichzelf heeft achtergelaten. Meer dan vijftig jaar geleden had Ruth het toezicht over de bouw van onze blokhut en tot op de dag van vandaag is haar hand in elke kamer te herkennen. Doordat ik haar de afgelopen vier jaar heb moeten missen, heb ik dingen geleerd die ik anders nooit zou hebben geleerd. Zelfs nu ze er niet meer is, heb ik nog veel dingen van Ruth geleerd. En omdat ze schreef vanuit het diepst van haar ziel en haar innemende karakter in haar teksten doorschemerde, doet ze me nog steeds glimlachen.

This old house is empty now, (Dit oude huis is nu leeg,)
with mostly only me, (met vooral alleen mijzelf,)
the trees are crowding up the hill (de bomen komen in grote getale de heuvel op)
as if for company.[12] *(alsof ze gezelschap zoeken.)*

Dit zegt iets over haar gedachten toen alle kinderen het huis uit waren, en ze last had van wat we nu het 'lege nestsyndroom' noemen. Ruth noemde het gewoon wat het was: *toen en nu.* Ik heb gezien hoe ze op waardige manier omging met de overgang van de ene levensfase naar de andere.

Deze veranderingen zijn zo door God bedoeld en Hij wil ons helpen hiermee om te gaan. Toen Jezus zich voorbereidde op het verlaten van zijn aardse verblijfplaats om naar de heerlijkheid terug te gaan, zei Hij tegen zijn geliefde discipelen: 'Jullie hebben toch gehoord dat Ik zei dat Ik wegga… Als je Me liefhad zou je blij zijn dat Ik naar mijn Vader ga…' (Johannes 14:28). 'Ik ben de weg, de waarheid en het leven. Niemand kan bij de Vader komen dan door Mij' (Johannes 14:6). Jezus gaf hun instructies om iets te doen: '…Weid mijn schapen' (Johannes 21:17), '…Volg Mij' (Johannes 21:19) en '…gij zult mijn getuigen zijn…' (Handelingen 1:8, NBG). Hij liet zijn discipelen niet zomaar in de steek. Jezus gaf hun richtlijnen voor het werk dat ze voor het koninkrijk moesten doen, opdat de kerk niet zou lijden en de discipelen zelf op het werk van Jezus gericht zouden blijven, ook nadat Hij was teruggegaan naar de Vader. Wat geweldig dat de Heer de wereld niet zonder zijn nabijheid achterliet, maar dat Hij zijn Heilige Geest stuurde om ons voortdurend bij te staan.

Hoewel ik nooit gewend zal raken aan het leven zonder

Ruth, zou zij de eerste zijn die me terechtwees als ik niet zocht naar Gods plan voor het *hier en nu*. Dit was haar terrein. Het zou gemakkelijk zijn om hier herinneringen op te halen aan alles wat bereikt is in de tijd dat we in de bediening stonden. Ik ben dankbaar, want ik weet dat '…zulke krachten door Zijn handen gebeuren' (Marcus 6:2, HSV). Maar ik weet ook dat God overal een bedoeling mee heeft. Wat Hij ook voor ons in petto heeft, Hij zal ons erheen leiden, als we goed opletten met ons hart, ons verstand en onze ogen.

In al de jaren dat ik onderweg was, en de hele wereld over reisde, had ik zelden tijd om televisie te kijken. Dat was *toen*. *Nu* zie ik slecht en kan ik nauwelijks tv kijken. Naar de kerk gaan is ook niet gemakkelijk. En dus ben ik dankbaar voor hen die trouw het Woord van God op de televisie brengen, zodat ik in elk geval een goede, bijbelse boodschap kan *beluisteren*. Ik word regelmatig gezegend door hen die door de Heer gebruikt worden om ouderen te bereiken die niet meer naar de kerk kunnen.

Ik ben gaan luisteren naar uitzendingen uit Spartanburg, South Carolina. Ik werd geraakt door de boodschappen van dr. Don Wilton, voorganger van de First Baptist Church, en ik ging steeds meer uitzien naar de uitzending van de volgende zondag. Een aantal maanden later belde ik hem op om hem te bedanken voor zijn bediening en ik nodigde hem bij mij thuis uit. We genoten enorm van de tijd die we samen hadden. Sinds die keer was hij zo goed om elke week de bijna honderdvijftig kilometer vanuit Spartanburg te rijden om op bezoek te komen. Dan lunchen we samen en bespreken we van alles, van familieaangelegenheden tot de gebeurtenissen in de wereld. Maar het waardevolst van zijn bezoek is de tijd die we samen doorbrengen in het Woord van God en in gebed. Vaak laat hij zien welke preek hij aan het voorbereiden is en vraagt hij enthousiast mijn mening. Ik heb hem ook wel eens om hulp gevraagd bij sommige teksten die ik moest voorbereiden, voor een artikel of gesprek. Ik vind het een groot voorrecht om contact te hebben met een groot bijbelleraar en te ervaren dat we hetzelfde doel hebben: dat anderen tot geloof in Christus komen. Dat is de taak die God – *op dit moment* – voor al zijn mensen heeft.

Leef niet zonder hoop

We zijn niet alleen voor *deze* wereld geschapen. We zijn geschapen voor de hemel, onze laatste woning. De hemel is onze bestemming en de hemel is onze vreugdevolle hoop. In de praktijk is niet iedereen het hiermee eens. 'U hebt recht op uw eigen mening,' schreef een jongeman mij onlangs, 'maar wat mij betreft is het afgelopen als je dood bent. Wanneer we gestorven zijn, zijn we niet anders dan een dier dat langs de kant van de weg ligt. Het enige leven dat we ooit zullen ervaren, is het leven dat we nu leiden. Het leven na de dood is slechts een mythe.'

Mijn antwoord kwam diep uit mijn hart. 'Je brief maakte me heel verdrietig,' schreef ik, 'omdat het betekent dat je zonder hoop leeft – hoop voor dit leven, en hoop voor het leven dat nog komt. Realiseer je je wel hoe leeg en zinloos dit je leven maakt?' Vervolgens drong ik er bij hem op aan om Jezus Christus te zoeken en zijn leven in zijn handen te leggen, want alleen Hij kan ons hoop voor de toekomst geven. Hoe zou ons leven zijn als we geen hoop hadden op leven na het graf?

De dood is een realiteit, maar in het oorspronkelijke plan van God komt hij niet voor. Toen God Adam en Eva schiep, gaf Hij hen een fysiek lichaam, net als elk ander schepsel op aarde. Maar ze onderscheidden zich door één ding: God had ze niet alleen een lichaam gegeven, Hij had ook een ziel en een geest in hen geplant, naar zijn beeld. Dat had Hij gedaan zodat ze Hem konden kennen en zijn vrienden konden worden. En om die reden was het de bedoeling dat ze eeuwig zouden leven. God kan niet sterven, en als beelddragers van Hem was het de bedoeling dat ook Adam en Eva niet zouden sterven.

Maar er kwam iets verschrikkelijks tussen. En dat was de zonde. De zonde heeft als een dodelijke, geestelijke kanker de hele mensheid geïnfecteerd. En ooit zullen jij en ik sterven. Het kan spoedig zijn, misschien duurt het nog lang, maar ooit zal er een einde aan je leven komen. Op een bepaald tijdstip zal het lichaam waar je je hele leven in hebt gewoond, ophouden te functioneren en beginnen te ontbinden. Dan zullen de woorden die Adam te horen kreeg ook voor jou gelden: '…stof ben je, tot stof keer je terug' (Genesis 3:19). Geen wonder dat de Bijbel de dood 'de laatste vijand' noemt (zie 1 Korintiërs 15:26).

Maar is de dood echt het einde? Had die jongeman gelijk, toen hij zei dat het leven na de dood slechts een mythe was? Nee, absoluut niet. De Bijbel vertelt ons dat, hoewel ons lichaam sterft, onze ziel of geest verder leeft – ofwel in de hemel bij God, ofwel op die plaats van eindeloze eenzaamheid en wanhoop die de Bijbel hel noemt, voor altijd en volledig gescheiden van God en zijn zegeningen. Jezus waarschuwde: 'En wees niet bevreesd voor hen die het lichaam doden en de ziel niet kunnen doden, maar wees veeleer bevreesd voor Hem die zowel ziel als lichaam te gronde kan richten in de hel' (Matteüs 10:28, HSV).

MEER DAN DIT LEVEN

Maar hoe kunnen we weten dat dit leven niet het einde is? Hoe weten we of de hemel niet slechts een verzinsel is dat voortkomt uit ons eigen verlangen? God heeft de realiteit van de hemel op verschillende manieren aan ons geopenbaard. Iedereen heeft bijvoorbeeld een innerlijk gevoel dat de dood niet het einde is, dat er aan de andere kant van het graf nog iets moet zijn. Zelfs als we dit ontkennen of negeren, is dit innerlijke verlangen toch aanwezig – bij iedereen. Waar komt dat vandaan? De Bijbel zegt dat God het in ons heeft gelegd: God heeft '...het besef van de eeuwigheid in het hart van de mensen geplant...' (Prediker 3:11, HB). Sommigen verwijzen naar berichten van mensen die beweren een glimp van de hemel te hebben opgevangen, vaak op hun sterfbed. Hoewel we voorzichtig moeten zijn met deze verhalen, twijfel ik er niet aan dat deze dingen af en toe gebeuren. Mijn eigen grootmoeder, van mijn moeders kant, kreeg op haar sterfbed een visioen van Jezus die haar verwelkomde in de hemel.

Maar het definitieve bewijs van de realiteit van de hemel komt van Jezus Christus zelf. Hij vertelde zijn discipelen niet alleen dat de hemel bestaat, maar ook dat ze er op een dag heen zouden gaan. Aan de zus van Lazarus verklaarde Hij: '... Ik ben de opstanding en het leven. Wie in Mij gelooft zal leven, ook wanneer hij sterft, en ieder die leeft en in Mij gelooft zal nooit sterven...' (Johannes 11:25-26). Hij beloofde zijn discipelen: 'In het huis van Mijn Vader zijn veel woningen; als dat niet zo was, zou Ik het u gezegd hebben. Ik ga heen om een plaats voor u gereed te maken... opdat ook u zult zijn waar Ik ben' (Johannes 14:2-3, HSV). Het bekendste vers uit de hele Bijbel onderstreept dit nog eens: 'Want God had de wereld zo lief dat Hij zijn enige Zoon heeft gegeven, opdat iedereen die in Hem gelooft niet verloren gaat, maar eeuwig leven heeft' (Johannes 3:16).

Hoe kunnen we er honderd procent zeker van zijn dat er leven na de dood is? De enige manier zou zijn doordat iemand zou sterven en weer tot leven zou komen, om ons te vertellen wat er na het graf komt. En dat is precies wat er gebeurde toen Jezus Christus uit de dood opstond. Het was de meest uitzonderlijke en verbazingwekkende gebeurtenis uit de hele geschiedenis en we weten hierdoor dat de dood niet het einde is en dat we verzekerd zijn van eeuwig leven. In de Bijbel staat: 'Het loon van de zonde is de dood, maar het geschenk van God is het eeuwige leven in Christus Jezus, onze Heer.'

Maar bovenal vertellen de dood en opstanding van Jezus ons dat de zonde en de dood voor altijd verslagen zijn. We hoeven niet bang te zijn voor het graf, omdat Jezus Christus door zijn dood en opstanding de poort van de hemel voor ons heeft geopend. De Bijbel zegt: 'Geprezen zij de God en Vader van onze Heer Jezus Christus: in zijn grote barmhartigheid heeft Hij ons opnieuw geboren doen worden door de opstanding van Jezus Christus uit de dood, waardoor wij leven in hoop. Er wacht u, die door Gods kracht wordt beschermd omdat u gelooft, in de hemel een onvergankelijke, ongerepte erfenis die nooit verwelkt' (1 Petrus 1:3-4). Deze woorden die de apostel Petrus tegen het einde van zijn leven opschreef, zijn Gods belofte aan jou en iedereen die zijn geloof en vertrouwen stelt op Jezus Christus als Heer en Redder. Ja, de hemel bestaat echt!

HOE IS HET IN DE HEMEL?

Ik geloof niet dat ik ooit iemand (of in elk geval een christen) heb gekend, inclusief mijzelf, die niet wilde weten hoe het in de hemel is. Maar dit is geen gewone nieuwsgierigheid, zoals wanneer je je afvraagt hoe het ergens is waar je nog nooit bent geweest. Hier gaat het om de hemel, de plaats waarvan we weten dat het onze laatste woning is – de plaats waar we de eeuwigheid zullen doorbrengen. Waarom zouden we niet willen weten hoe het in de hemel is?

We moeten erkennen dat de Bijbel niet al onze vragen over de hemel beantwoordt. Ik realiseer me dat dit onder andere komt doordat de hemel zo groot is dat ons beperkte verstand zich daar geen complete voorstelling van kan maken. Zelfs als God al onze vragen over de hemel zou beantwoorden, dan zouden we die antwoorden nog niet begrijpen! De Bijbel zegt:

Wat het oog niet heeft gezien
en het oor niet heeft gehoord,
wat in geen mensenhart is opgekomen,
dat heeft God bestemd voor wie Hem liefheeft.
1 KORINTIËRS 2:9

Pas wanneer we in de hemel zijn, zullen we haar eindeloze glorie, pracht en vreugde ten volle kunnen bevatten. Dan, zegt de Bijbel, zullen we '...delen in de luister die... zal worden geopenbaard...' (1 Petrus 5:1).

Maar ook al vertelt de Bijbel ons niet alles wat we over de hemel willen weten, er staat wel alles in wat we *behoren* te weten. En alles wat er over de hemel staat – echt alles – zou ons moeten aansporen om er heen te willen gaan! (Anderzijds zou ook alles wat er in de Bijbel over de hel staat, ons moeten aansporen daar vandaan te blijven.) Hoe is het dan in de hemel? De Bijbel noemt ten minste vijf belangrijke kenmerken.

De hemel is glorieus

We noemen een mooie zonsondergang of een warme lentedag wel eens 'glorieus', maar zelfs de meest adembenemende natuur op aarde is maar een flauwe afschildering van de glorie van de hemel. Toen de apostel Johannes een glimp van de hemelse grootsheid mocht opvangen, kon hij nauwelijks woorden vinden om deze te beschrijven. Hij vergeleek haar met de prachtigste voorwerpen op aarde – maar dan veel mooier: 'De stad schitterde door Gods luister, met een schittering als van een edelsteen, als een kristalheldere jaspis... De straten van de stad waren van zuiver goud en schitterden als glas... De stad heeft het licht van de zon en de maan niet nodig: over haar schijnt Gods luister, en het lam is haar licht' (Openbaring 21:11, 21, 23).

Waarom is de hemel glorieus? Dat komt niet alleen door haar ongelofelijke schoonheid, hoe overweldigend die ook zal zijn. De hemel is glorieus om één, alles overstijgende reden: de hemel is de woonplaats van God. 'Ik hoorde een luide stem vanaf de troon, die uitriep: "Gods woonplaats is onder de mensen, Hij zal bij hen wonen. Zij zullen zijn volken zijn en God zelf zal als hun God bij hen zijn"...Zijn dienaren zullen Hem... met eigen ogen zien, en zijn naam staat op hun voorhoofd' (Openbaring 21:3; 22:3-4). Denk je eens in: als je Jezus Christus kent, zul je ooit voor altijd veilig in Gods nabijheid zijn! Ik kan me nauwelijks voorstellen hoe dat zal zijn, maar het zal onbeschrijflijk glorieus zijn.

De hemel is volmaakt

De hemel is niet alleen glorieus, maar ook volmaakt. Dit hoeft ons niet te verbazen. Aangezien God volmaakt is, is de hemel, zijn woonplaats, dat ook.

Waarom is dat belangrijk? Omdat het ons eraan herinnert dat alles wat onvolmaakt is uit de hemel wordt buitengesloten. Zoals de Bijbel zegt: 'Wanneer het volmaakte komt zal wat beperkt is verdwijnen' (1 Korintiërs 13:10). Denk eens aan alle zonden en kwade dingen waar we nu door geplaagd worden: ziekte, dood, eenzaamheid, angst, verdriet, verleiding, teleurstelling, invaliditeit, verslaving, oorlog, ruzie, boosheid, jaloezie, hebzucht – een bijna eindeloze opsomming. In de hemel zullen die allemaal verdwenen zijn! Alle kwaad, alle zonde zal zijn vernietigd. Alle twijfel en angst zal weggenomen zijn. Alle teleurstelling en hartzeer zal genezen zijn. Eén van de mooiste beloften over de hemel die we in de Bijbel vinden, is: 'Hij zal alle tranen uit hun ogen wissen. Er zal geen dood meer zijn, geen rouw, geen jammerklacht, geen pijn, want wat er eerst was is voorbij… alles wat verwerpelijk is… komt de stad niet binnen…' (Openbaring 21:4, 27).

De Bijbel vertelt ons nog meer over de volmaaktheid van de hemel: in de hemel zullen wij volmaakt zijn – en ooit de hele schepping ook. De zonde zal nergens nog enige macht over hebben, want de zonde en satan zullen voor altijd gebonden zijn en wij zullen worden als Christus. Bovendien zullen we op Gods tijd een nieuw lichaam krijgen – een volmaakt lichaam, zoals Jezus Christus na zijn opstanding had, zonder alle beperkingen en zwakheden van ons huidige lichaam. De Bijbel zegt: 'Geliefde broeders en zusters, wij zijn nu al kinderen van God. Wat we zullen zijn is nog niet geopenbaard, maar we weten dat we aan Hem gelijk zullen zijn wanneer Hij zal verschijnen, want dan zien we Hem zoals Hij is' (1 Johannes 3:2).

Dit betreft niet alleen ons, maar de hele schepping. De zonde heeft alles aangetast – niet alleen mensen, maar de hele geschapen wereld. Denk nooit te gemakkelijk over de zonde. Haar vernietigende kracht strekt zich uit over elk wezen en elk voorwerp in het universum. Dat is een ontstellende gedachte. Maar dat is niet het einde van het verhaal, want de Bijbel belooft dat ooit de hele schepping een eindpunt bereikt en '... zal worden bevrijd uit de slavernij van de vergankelijkheid en zal delen in de vrijheid en luister die Gods kinderen geschonken wordt' (Romeinen 8:21). Ik probeer me voor te stellen welke dingen we van God in de hemel mogen doen. Eén van die dingen is misschien het verkennen van de eindeloze rijkdommen die onderdeel zullen zijn van zijn nieuwe schepping.

Wanneer staat dit te gebeuren? Wanneer zal Christus weer verschijnen? Toegewijde bijbelleraren zijn het niet altijd eens over de details, maar één ding is zeker: op een dag komt Christus terug om alle macht van de zonde en het kwaad te verslaan en om zijn soevereine gezag over de hele schepping te vestigen. Jezus zelf waarschuwde ons om niet te proberen een exact tijdstip voor zijn terugkomst te bepalen: 'Niemand weet wanneer die dag of dat moment zal aanbreken, de engelen in de hemel niet en de Zoon niet, alleen de Vader' (Marcus 13:32). Op Gods tijd zal de nu bestaande wereldorde ten einde komen en Christus terugkomen om met macht, glorie en recht te heersen: 'Maar wij vertrouwen op Gods belofte en zien uit naar een nieuwe hemel en een nieuwe aarde, waar gerechtigheid woont' (2 Petrus 3:13).

De wetenschap dat Christus terugkomt, zou ons moeten vervullen met hoop, blijdschap en verwachting. Maar zijn terugkomst zou ons ook bij een ander feit moeten bepalen: wanneer Christus terugkomt, zal Hij de wereld met volmaakte rechtvaardigheid oordelen. Volgens de Bijbel staat op die dag allen die zich tegen God hebben verzet en zijn aanbod van redding in Christus hebben afgewezen '...een eeuwige bestraffing te wachten, de rechtvaardigen daarentegen het eeuwige leven' (Matteüs 25:46). Dit zijn ontnuchterende woorden. En als je je nog nooit van je zonden hebt afgekeerd om je hart en leven voor Jezus Christus te openen, bid ik dat je dit nu zult doen, voor het te laat is. Zet je ziel niet op het spel!

De hemel is vol blijdschap

De hemel zal niet alleen glorieus en volmaakt zijn, maar ook vol blijdschap. Minder dan dat is toch ondenkbaar? Haar glorie, haar volmaaktheid – alleen die kenmerken zouden al genoeg zijn om ons onvoorstelbare blijdschap te geven. Maar de hemel zal ook om andere redenen vol blijdschap zijn. Koning David beschreef het leven met God als: '...overvloedige vreugde in uw nabijheid, voor altijd een lieflijke plek aan uw zijde' (Psalm 16:11).

De hemel zal een plaats zijn waar we ons vreugdevol herenigen met al diegenen die ons naar de hemel zijn voorgegaan. Er wordt me vaak gevraagd of we elkaar in de hemel zullen herkennen en mijn antwoord is altijd een volmondig ja! Ik weet dat ik binnenkort herenigd zal zijn met al mijn familieleden die al in de hemel zijn – en vooral met mijn lieve vrouw Ruth. Koning David sprak deze hoop vol vertrouwen uit. Nadat zijn zoon als kind gestorven was, verklaarde hij: '...Ik ga naar hem toe; hij komt niet terug bij mij' (2 Samuel 12:23). Toen Christus van gedaante veranderde en zijn aardse verschijning week voor zijn hemelse glorie, voegden Mozes en Elia zich vanuit de hemel bij Hem. Ze waren als zodanig herkenbaar (Matteüs 17:1-3). De Bijbel maakt duidelijk dat we in de hemel geen eenzame geesten zullen zijn, die doelloos door de lucht zweven (zoals je in stripboeken weleens ziet). In plaats daarvan zullen we in de hemel met elkaar herenigd worden: '...en daarna zullen wij, die nog in leven zijn, *samen met hen* op de wolken worden weggevoerd en gaan we in de lucht de Heer tegemoet. Dan zullen *we* altijd bij Hem zijn' (1 Tessalonicenzen 4:17, cursivering toegevoegd).

Maar misschien deins je hiervoor terug. Je verheugt je er niet op om iemand te ontmoeten die jou heeft gekwetst of die door jou is gekwetst. Maak je daar geen zorgen over. In de hemel zal iedereen volmaakt zijn – en jij ook!

De hemel is ook vol blijdschap omdat we daar het antwoord krijgen op al onze vragen. Het leven kan heel verwarrend zijn. Wie heeft er niet bij het graf van een dierbare gestaan of is getuige geweest van een vreselijke gebeurtenis om dan te vragen: 'Waarom, God? Waarom liet U dit gebeuren? Waar bent U? Het klopt gewoon niet.' Maar ooit zullen al onze twijfels en vragen verdwenen zijn en zullen we het begrijpen. Paulus drukte het zo uit: 'Nu kijken we nog in een wazige spiegel, maar straks staan we oog in oog. Nu is mijn kennen nog beperkt, maar straks zal ik volledig kennen, zoals ik zelf gekend ben' (1 Korintiërs 13:12). Eén onderdeel daarvan is dat we in staat zullen zijn om op ons leven terug te kijken en ons te verheugen over Gods goedheid en genade voor ons.

Bovendien zal de hemel vol vreugde zijn, omdat al onze last voor eeuwig van ons afgenomen zal zijn. Eén van de meest troostrijke beschrijvingen van de hemel is dat het een plaats van rust zal zijn: '...Gelukkig zijn zij die vanaf nu in verbondenheid met de Heer sterven... Zij mogen uitrusten van hun inspanningen' (Openbaring 14:13).

Maar we vinden in de Bijbel nog een laatste feit over de blijdschap in de hemel: we zullen onze ervaring van de hemel tot uitdrukking brengen in vreugdevolle aanbidding. De schrijver van Hebreeën zei het zo: '...u staat voor de Sionsberg, voor de stad van de levende God, het hemelse Jeruzalem, en voor duizenden engelen die in vreugde bijeen zijn, voor de gemeenschap van eerstgeborenen, die in de hemel ingeschreven zijn...' (Hebreeën 12:22-23). Op deze aarde is onze aanbidding onvolmaakt, onvolkomen, oppervlakkig – zelfs saai of vervelend. Dat zou het natuurlijk niet moeten zijn. Elke gelovige zou God elke dag vol blijdschap moeten kunnen aanbidden, omdat hij of zij gericht is op zijn grootheid, goedheid en glorie. Maar in de hemel zal onze aanbidding volmaakt zijn, omdat we onze Redder dan werkelijk zullen zien. Hoewel men er vaak overheen leest, is de hemelse aanbidding één van de centrale thema's van het boek Openbaring:

Elk schepsel... hoorde ik zeggen:
'Aan Hem die op de troon zit en aan het Lam
komen de dank, de eer, de lof en de macht toe,
tot in eeuwigheid.'
OPENBARING 5:13

De hemel geeft voldoening

'Om eerlijk te zijn, weet ik niet eens zeker of ik wel naar de hemel wil,' mailde iemand mij kort geleden. 'Het lijkt me zo saai, alleen maar op een wolk te zitten niksen.' Dit is een ernstig misverstand over de hemel. Al is het nog zo'n bekend plaatje, we zullen niet op een wolk op een harp zitten spelen. De Bijbel zegt dat we bezig zullen zijn. God heeft iets voor ons te doen! '...De troon van God en van het Lam zal daar in de stad staan. Zijn dienaren zullen Hem vereren' (Openbaring 22:3). Het verschil is dat we in dit leven moe en afgemat worden, maar in de hemel worden we dat nooit, omdat we onbeperkt energie zullen hebben om Christus te dienen.

Wat doen we daar dan? De Bijbel vertelt dat niet precies. En anders zouden we het waarschijnlijk toch niet begrijpen! In de Bijbel staat wel dat God ons het voorrecht gunt om samen met Christus over de hele schepping te heersen: '...En zij zullen als koningen heersen tot in eeuwigheid' (Openbaring 22:5). We zullen ons echt niet vervelen in de hemel!

Cliff Barrows, mijn trouwe zangleider op campagnes, grapte eens dat ik in de hemel werkloos zou zijn, terwijl hij nog steeds een baan zou hebben. Met een schittering in zijn ogen legde hij uit dat er in de hemel immers geen behoefte is aan evangelisten, terwijl de hemelse koren nog steeds een dirigent nodig hebben. Ik kon hem verzekeren dat ik me daar geen zorgen over maakte. God zou vast wel wat anders voor me te doen vinden. 'Misschien verandert Hij me wel in een koordirigent!' voegde ik eraan toe.

De hemel bestaat echt

De hemel is glorieus, de hemel is volmaakt, de hemel is vol blijdschap en de hemel zal voldoening geven. Maar kunnen we weten – zeker weten – dat de hemel ook echt bestaat? Dat we daarheen gaan wanneer we sterven en dat het onze eeuwige woning zal zijn? De Bijbel zegt van wel!

Er is maar één ding dat je buiten de hemel kan houden en dat is je zonde. God is absoluut rein en heilig, en zelfs één zonde – eentje maar – zou genoeg zijn om je voor altijd uit zijn nabijheid te bannen. Maar Jezus Christus is gekomen om je zonden weg te nemen, door zijn dood aan het kruis en zijn opstanding uit de doden. De Bijbel zegt: '…het bloed van Jezus Christus, Zijn Zoon, reinigt ons van alle zonde' (1 Johannes 1:7, HSV).

Zolang je voor je redding op jezelf vertrouwt – op je eigen goedheid, religieuze daden en innerlijke hoop – zul je nooit enige blijvende verzekering van je redding hebben. Hoe zou je tenslotte kunnen weten of je goed genoeg of religieus genoeg was? Het antwoord is: dat weet je nooit.

Maar onze redding hangt niet af van onze goedheid. Als dit wel zo was, dan zouden we nooit gered kunnen worden, want God eist volmaaktheid. Niets minder dan dat. We kunnen nooit goed genoeg zijn, want 'Wie de hele wet onderhoudt maar op één punt struikelt, blijft ten aanzien van alle geboden in gebreke' (Jakobus 2:10). In plaats daarvan hangt onze redding volledig af van Jezus Christus en van wat Hij al voor ons heeft gedaan. Ons geloof en vertrouwen moeten we op Hem stellen, niet op onszelf.

Vertrouw je voor je redding alleen op Hem? Als dat niet zo is, of als je het niet zeker weet, wil ik je aanmoedigen om je vandaag nog met berouw en geloof tot Jezus Christus te wenden.

Vraag Hem met een eenvoudig gebed om als Heer en Redder in je leven te komen. De Bijbel zegt: 'Dit getuigenis luidt: God heeft ons eeuwig leven geschonken en dat leven is in zijn Zoon. Wie de Zoon heeft, heeft het leven. Wie de Zoon van God niet heeft, heeft het leven niet' (1 Johannes 5:11-12). Laat geen dag meer voorbij gaan zonder Christus. Twijfel niet aan Gods beloften over de zekerheid van de hemel. En twijfel niet aan wat Jezus Christus al gedaan heeft om je te redden door zijn dood en opstanding. Wanneer twijfel je belaagt (en daar zorgt de duivel wel voor), onthoud dan dit: als je je geloof en vertrouwen op Christus gesteld hebt, ben je nu van Hem. Je bent door Hem geadopteerd en je bent zijn geliefde zoon of dochter geworden. Omdat dit zo is, zegt de Bijbel dat er niets in de schepping is dat '...ons zal kunnen scheiden van de liefde van God, die Hij ons gegeven heeft in Christus Jezus, onze Heer' (Romeinen 8:39). Je bent nu – voor altijd – deel van zijn familie!

ONZE LAATSTE WONING

Het was een groot voorrecht voor me om evangelist te zijn. Mijn grootste vreugde beleefde ik wanneer ik zag hoe mensen over de hele wereld reageerden op de boodschap van Jezus Christus die levens veranderde. Maar op het persoonlijke vlak was er ook een keerzijde. Ik was namelijk vaak weg van huis. Soms wel maanden achtereen. Maar hoe kort of lang ik ook weg was, wanneer ik in Charlotte of Asheville landde, wist ik dat ik bijna thuis was. Thuis was een plaats van rust en vrede. Het was ook een plaats van liefde, blijdschap en veiligheid.

Op een veel grootsere manier is de hemel ons thuis – onze laatste woning – onze ultieme plaats van eeuwige en volledige vrede, veiligheid en blijdschap. Hier is ons thuis in het beste geval onvolmaakt. Verdrietig genoeg is thuis voor veel mensen zelfs een plaats vol ruzie en ongeluk. Maar dat geldt niet voor de hemel. Wanneer we van Christus zijn, weten we dat we na ons sterven eindelijk vrede zullen hebben – want dan zijn we thuis. De woorden die Paulus tot de christenen in Korinte sprak, gelden ook voor ons: '...zolang dit lichaam onze woning is, [wonen] we ver van de Heer... [we] zouden... ons lichaam liever verlaten om onze intrek bij de Heer te nemen' (2 Korintiërs 5:6, 8). De hemel is onze hoop, de hemel is onze toekomst en de hemel is ons thuis! Ik zie ernaar uit om eindelijk thuis te zijn en ik bid dat jij dat ook doet.

Wanneer het leven een zware last voor je is en je er misschien zelfs onder bezwijkt, richt je hart dan op je hemelse huis: 'Al gaat mijn weg door een donker dal, ik vrees geen gevaar, want U bent bij mij, uw stok en uw staf, zij geven mij moed... Geluk en genade volgen mij alle dagen van mijn leven, ik keer terug in het huis van de Heer tot in lengte van dagen' (Psalm 23:4,6). Wanneer je hoop en je dromen in duigen vallen of wanneer mensen je teleurstellen of zich tegen je keren, richt je hart dan op je hemelse woning. En wanneer de beperkingen en moeiten van de ouderdom je te veel dreigen te worden, richt ook dan je hart op je hemelse woning.

Bijna thuis, met vaste overtuiging

Voordat Christus zijn aardse leven achter zich liet, dacht Hij zonder enige twijfel aan zijn thuiskomst en aan ons die met Hem mee mochten: 'Ik ben bij de Vader vandaan gegaan en naar de wereld gekomen, nu verlaat Ik de wereld weer en ga Ik terug naar de Vader' (Johannes 16:28). Jezus zei tegen zijn discipelen: '...Ik ga ergens naartoe waar jij nog niet kunt komen, later zul je Mij volgen' (Johannes 13:36) en: 'Wanneer Ik een plaats voor jullie gereedgemaakt heb, kom Ik terug. Dan zal Ik jullie met me meenemen, en dan zullen jullie zijn waar Ik ben. Jullie kennen de weg naar waar Ik heen ga' (Johannes 14:3-4).

Beste lezer, ken jij de weg? Jezus zei tegen ons: '...Ik ben de weg, de waarheid en het leven. Niemand kan bij de Vader komen dan door Mij' (Johannes 14:6). Niemand is ooit te oud om de vergeving van Christus te ontvangen en in zijn glorieuze nabijheid te komen. Wanneer we terugkijken op alles wat we op onze levensreis hebben meegemaakt, hebben we misschien spijt van bepaalde keuzes die we hebben gemaakt. Bedenk dan: dat was *toen*, dit is *nu*. Sommigen die dit boek lezen zeggen misschien: 'Maar ik heb Christus mijn hele leven afgewezen. Voor mij is het te laat.' Dan zeg ik je, beste lezer, dat was *toen*, dit is *nu*. De bijbelse beloften golden toen, gelden nu en zullen altijd gelden. '...*Nu* is de tijd daarvoor gekomen, *nu* is de dag van de redding' (2 Korintiërs 6:2, cursivering toegevoegd).

Voor wie het kostbaarste geschenk van Christus' verlossende bloed heeft ontvangen: je hebt reden om de glorie van de hemel tegemoet te zien, want je zult volmaakt zijn, je zult blijdschap kennen, je zult weer actief zijn, en *nu* al mag je zeker zijn dat je *bijna thuis* bent.

Eindnoten

1. E. Stanley Jones, *Growing Spiritually* (Nashville: Abingdon, 1953), p. 313.
2. E. Stanley Jones, *The Divine Yes*, met Eunice Jones Matthews (Nashville: Abingdon, 1975).
3. Laura Hillenbrand, *Unbroken: A World War II Story of Survival, Resilience, and Redemption* (New York: Random House, 2010).
4. 'Full Text of the Will of J. Pierpont Morgan; Will Executed Jan. 4, 1913 – Codicil Executed Jan. 6, 1913 – Died March 31, 1913,' *New York Times*, 20 april 1913.
5. S. Jay Olshansky, Leonard Hayflick en Bruce A. Carnes, 'No Truth to the Fountain of Youth,' *Scientific American*, juni 2002.
6. Carol Morello, 'A new generation of caregivers takes control of kids,' Washington Post, 10 september 2010.
7. Meredith Alexander, 'Stanford conference invites young people to discuss aging,' Stanford News Service, 27 april 2001.
8. mshurn (pseudoniem), 'Topic: can you differentiate the old generation from the new generation?' eNotes.
9. 'Introducing Root Cases,' Root Cases LLC.
10. Billy Graham, *Storm Warning: Whether Global Recession, Terrorist Threats, or Devastating Natural Disasters, These Ominous Shadows Must Bring Us Back to the Gospel*, herziene uitgave (Nashville: Thomas Nelson, 2010). In 1993

uitgegeven door Uitgeverij Gideon onder de titel *Stormwaarschuwing*. Momenteel niet leverbaar.

11. Robert J. Morgan, *100 Bible Verses Everyone Should Know by Heart* (Nashville: Broadman & Holman, 2010), p. 42.
12. Ruth Bell Graham, *Clouds Are the Dust of His Feet* (Wheaton, IL: Crossway Books, 1992), p. 132.

Dankwoord

Ik ben allen die me hebben aangemoedigd dit boek te schrijven bijzonder dankbaar, vooral mijn zoon Franklin en mijn redacteuren David Moberg en Matt Baugher van uitgeverij Thomas Nelson. Mijn trouwe collega dr. John N. Akers hielp me het manuscript klaar te maken voor publicatie. Zonder zijn hulp zou het nooit zijn voltooid. Ook ben ik dankbaar voor de inzet van mijn stafleden, dr. David Bruce, Stephanie Wills en Patricia Lynn. Tenslotte dank ik Donna Lee Toney voor haar hulp.

Over de schrijver

Billy Graham, de wereldberoemde schrijver, prediker en evangelist, heeft de boodschap van het evangelie waarschijnlijk aan meer mensen verkondigd dan wie ook in de geschiedenis. Zijn werk strekt zich uit over 185 landen in alle delen van de wereld. Miljoenen mensen hebben zijn inspirerende boeken gelezen. Enkele titels zijn: *Angels (Engelen, Gods geheime agenten), Peace with God (Vrede met God), The Journey (De reis)*.
Gideon gaf eerdere van hem uit: *Billy Graham's handboek voor christen-werkers* (1988) en *Stormwaarschuwing* (1993).

BON

Bijna Thuis

Zo, dit was weer een Gideonboek!

Als u de smaak te pakken hebt, wilt u vast nóg eens iets van Gideon lezen. Het is dan prettig te weten welke boeken er verschijnen.
Als u uw naam en adres opgeeft, krijgt u regelmatig uitvoerige informatie over de nieuwe Gideonboeken. Het kost u bijna niets, behalve enige moeite om deze bon in te vullen en op te sturen.

❐ Ik ontvang graag eenmalig de catalogus.
❐ Ik ontvang graag ieder jaar de catalogus.
❐ Ik ontvang graag regelmatig de digitale nieuwsbrief.

Achternaam: ______________________

Voorletter(s): ______________ (m/v) ________

Adres: ______________________

Postcode: ______________________

Woonplaats: ______________________

Telefoon: ______________________

E-mail: ______________________

In een gefrankeerde envelop doen en opsturen naar:

Uitgeverij Gideon
Dorpsweg 3
4223 NA Hoornaar
(Nederland)

www.gideonboeken.nl